# 名言英文法

RELEARN ENGLISH
GRAMMAR WITH
317 QUOTES

心に響く名言で英文法を学び直す

# はじめに

　globalization（グローバル化）という言葉が使われ始めて数十年が経ち、**今や英語は限られた人たちのものではなくなりました**。私たちは自宅にいながらにして、Web サイトや SNS で情報を集めたり、YouTube で動画を見たりする中で多くの英語の情報に出会います。また、英語のニュースを読んだり、仕事で英語を使ったりする方も多いでしょう。

　インターネット上の情報量において、英語は日本語の 10 倍以上とも言われています。つまり、**英語が読めるようになれば、今の 10 倍もの情報に触れることができる**ということです。英語が当たり前に存在するようになった日常の中で、**「もっと英語ができたらいいな」** と感じる瞬間があるのではないでしょうか。

## 心に響く名言で、英文法を学び直す

　そうした方に、**異なる言語に触れる楽しさ**や、英文を読む中で**視野が広がっていく面白さ**を感じながら英語力を身につけてほしいという想いから、『**名言英文法**』は生まれました。本書は、**心に響く名言を通して英文法を学ぶ**、新発想の英文法書です。317 の英語名言を例文として取り上げ、人生を豊かにする言葉を味わいながら文法を学んでいきます。

　新発想とは言っても、本書を通して学習する文法事項はスタンダードなものです。**しばらく英語から離れて忘れてしまった方**や、**文法に今ひとつ自信がない方**が、**中高 6 年間で学ぶ文法事項を一通り復習していただける構成**となっています。もちろん、現役の学生の方も、英文法の要点を押さえるのにご活用いただけます。

　そんな本書には、「文法書」と「名言集」という 2 つの側面があります。

## 「生きた言葉で学ぶ」文法書として

　文法は、「読む・聞く・話す・書く」のすべてに通じる英語のルールです。「文法＝難しい」と感じる方もいるかもしれませんが、スポーツなどでよく「理論がわかれば上達も速い」と言われるように、語学においても、**理論を知ることが上達の近道**になります。

　通常の学習参考書の例文は、その文法事項を説明するために書き下ろされていることがほとんどです。それらは学習者が理解しやすいように計算し尽くされている一方で、誰かの心のこもった、生きた言葉ではありません。

　本書で例文として取り上げているのは、**人生をかけて何かに取り組んだ人たちの言葉**です。誰もが知っている偉人から、ある分野で功績を残した知る人ぞ知る偉人まで、1つ1つの名言からその人の生き様が感じられるでしょう。初めて知る人物がいたら、どんなことをした人なのか、ぜひ調べてみてください。きっと新たな発見やインスピレーションが得られるはずです。

## 「挫折しない」英語名言集として

　また、世の中にはさまざまなテーマの英語名言集があり、**「せっかくなら、素敵な言葉に触れながら英語を学びたい」**と考え、こうした名言集を手に取る方も多いでしょう。

　しかしながら、名言を味わうことに主眼を置いた名言集には、補足的な解説はあれど、徹底した文法解説があるものは多くありません。そのために、初中級者が学習目的で取り組もうとすると、**「なぜこの訳になるの？」**と疑問が残ることもしばしばです。

前述の通り本書は、英語名言を例文としながら、中高6年間で学ぶ文法事項を一通り学習できるようになっています。前のページから順番に取り組むのはもちろん、途中でわからないところがあれば、関連する他のページを参照して、疑問を解消することができます。

　それにより、英語に苦手意識をお持ちの方も、「**このルールがあるから、この名言はこういう意味になるんだ**」と理解しながら、もやもやが残ったり途中で挫折したりすることなく、心ゆくまで名言を味わうことができます。その繰り返しの中で、**英語力がぐっと高まっていくはずです**。

　さらに、本書の名言には**読み上げ音声**がついており、**無料でダウンロードおよびストリーミング再生が可能**です。名言として受け継がれている言葉の中には、**独特のリズムがあったり、韻を踏んでいたりするものも多く**あります。ただ読むだけでは気づきにくいものですが、ぜひ読み上げ音声もご利用いただき、目だけでなく耳でも楽しんでいただければと思います。

　本書が1人でも多くの方の英語力向上に役立つと同時に、これまで知らなかった新たな世界に触れるきっかけになることを願っています。

2021年3月　Ｚ会編集部

# 目次

# 本書の構成と利用法

## Part 1

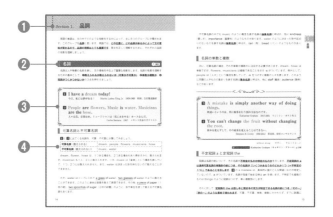

### ❶ Section タイトル

Part 1 には、品詞・文型・文の種類・基本時制の4つの Section があります。Part 2 の学習に入る前に押さえておきたい、英語を理解するための基本事項を扱います。

### ❷ 文法項目タイトル

各 Section で扱う文法事項は、いくつかの項目に分かれています。Part 1 の読み上げ音声は、この項目ごとにファイルが分かれています。音声の入手方法は p.12 をご覧ください。

### ❸ 英語名言

各文法項目に対応する英語名言を、その言葉を残した人物の情報（名前・生没年・職業）とともに掲載しています。

※英語名言については、本書に掲載している内容以外に、いくつかのバリエーションが存在するものがあります。また、名言を残した人物についても諸説ある場合がありますが、一般に有力と考えられている人物を掲載しています。

### ❹ 解説

❸の名言と関連づけながら、該当の項目について解説しています。

# Part 2

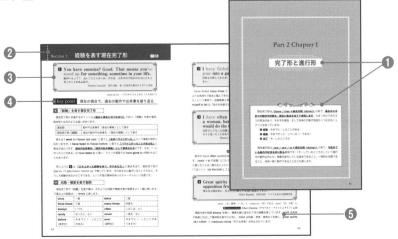

## ❶ Chapter タイトル・概要

Part 2 では、Part 1 の基本事項を踏まえて、完了形・受動態・関係詞などの各文法事項について体系的に扱います。Part 2 は 12 個の Chapter に分かれており、各 Chapter の最初のページには学習内容の概要がまとまっています。

## ❷ Section タイトル

各 Chapter で扱う文法事項は、いくつかの Section に分かれています。Part 2 の読み上げ音声は、この Section ごとにファイルが分かれています。音声の入手方法は p.12 をご覧ください。

## ❸ 英語名言

各文法項目に対応する英語名言を、その言葉を残した人物の情報（名前・生没年・職業）とともに掲載しています。

## ❹ Key Point

該当の Section で扱う文法項目について、重要なポイントをまとめています。

## ❺ 解説

個別の名言において、該当の文法項目がどのように使われているかを詳しく解説しています。

# Close-up Column

　ビジネス・芸術・学問・エンターテインメントなどの各分野で、今、心に留めておきたい名言を残した 15 名にクローズアップしたコラムです。彼・彼女らの生き様を紐解きながら、教養として知っておきたい時代背景や国際問題・社会問題を堀り下げます。

## 本書の音声について

　本書で取り上げている名言には、読み上げ音声がついています。下記 Web サイトにて、ダウンロードとストリーミング再生が可能です。音声ファイルは MP3 形式で、本書に記載のファイルマーク ♪001 の番号に対応しています。

https://service.zkai.co.jp/books/zbooks_data/dlstream?c=5369

　いよいよ次のページから、学習スタートです！　今より英語ができるようになったら、どんなことにチャレンジしたいですか？　小さなことでも構いません。今の自分の夢や目標を書き込んでみましょう。

# Part 1

## 品詞・文型
## 文の種類・基本時制

Part 1 では、次の４つの項目について確認します。

❶品詞　❷文型　❸文の種類　❹基本時制

　英語の単語は、文の中での役割によって名詞・動詞などのグループ（品詞）に分かれています。そして、英語の文は必ず、決まった要素が決まった順番で並んでいます。その並べ方（文型）には品詞が大きく関係しています。品詞と文型を知ることで、英文の意味を正確に理解できるようになります。

　また、文の種類ごとの特徴と、現在・過去・未来の３つの基本時制について学び、英語の基本を確認しましょう。

# Section 1. 品詞

英語の単語は、文の中でどのような役割をするかによって、主に8つのグループに分類されます。このグループを**品詞**と言います。英語では、**どの位置に、どの品詞が来るかによって文の意味が変わるので、品詞の理解はとても重要です**。英文を正しく理解するために、それぞれの品詞の役割を理解しましょう。

## 名詞 ♪ 001

名詞は人や物事の名前を表し、文の骨格を作る上で重要な役割をします。名詞の性質を理解するための基本として、**❶数えられるか数えられないか（可算か不可算か）**、**❷単数か複数か**、**❸冠詞がつくかつかないか**の3点を押さえましょう。

---

**❶ I have a dream today!**
今日、私には夢がある！ Martin Luther King, Jr. 1929-1968 牧師、公民権運動家

**❷ People are flowers. Music is water. Musicians are the hose.**
人々は花。音楽は水。ミュージシャンは（花に水をやる）ホースなんだ。
Carlos Santana 1947- メキシコ出身のギタリスト

---

### 可算名詞と不可算名詞

❶と❷に出てくる名詞を、可算・不可算に分類してみましょう。

| 可算名詞（数えられる） | dream、people、flowers、musicians、hose |
|---|---|
| 不可算名詞（数えられない） | music、water |

dream、flower、hose は、1つある場合も、2つある場合もあり得ますから、数えられます。musician も1人、2人と数えられます。一方、music は「音楽」という概念を表していて、1つ、2つとは数えられません。また、water は決まった形を持たないので数えることができません。

ただ、water はコップに入れて <u>a glass</u> of water、<u>two glasses</u> of water のように数えることができます。このように液体は容器を数えて表現できます。その他、<u>a piece</u> of paper（1枚の紙）、<u>two spoonfuls</u> of sugar（2杯の砂糖）のように、形や単位を使って数える不可算名詞もあります。

不可算名詞の中でも music のように概念を表す名詞は**抽象名詞**と呼ばれ、他に kindness（優しさ）、importance（重要性）のようなものがあります。**water** のように決まった形や区切りのないものを表す名詞は**物質名詞**と呼ばれ、rain（雨）、bread（パン）のようなものがあります。

## 名詞の単数と複数

次に、可算名詞の場合、それが単数か複数かに注目する必要があります。**dream**、**hose** は単数ですが、**flowers**、**musicians** は複数であることを示す -s がついています。例外として、**people** は「人々」という集団を表していて、-s をつけずに複数の人々を表します。このように同類の人やものの集まりを表す名詞は**集合名詞**と呼ばれ、他に staff（職員）、audience（聴衆）などがあります。

> **❸** A mistake is simply another way of doing things.
> 間違いというのは、単に物事を行う別の方法なのです。
> Katharine Graham　1917-2001　ワシントン・ポスト社主
>
> **❹** You can't change the fruit without changing the root.
> 根本を変えずして、その成果を変えることはできない。
> Stephen R. Covey　1932-2012　著述家、経営コンサルタント

without *doing*：…せずに、…することなしに

**≡ Close-up Column** Katharine Graham（キャサリン・グラハム）p.106

## 不定冠詞 a と定冠詞 the

冠詞は名詞の前について、その名詞が**不特定のものか特定のものか**を示します。**不定冠詞の a は通例可算名詞の単数形の前につき、その名詞が「いくつかあるうちのどれか1つ（＝不特定の1つ）」であることを示します。❸** の a mistake は、具体的に誰のどんな間違いなのか特定していないので、a がついています。名詞が母音で始まる時は an を使います。不特定でも複数のものは things のように冠詞はつけず、単に複数形にします。

それに対して、**定冠詞の the は話し手と聞き手の双方が特定できる名詞の前につき、「その〜」「例の〜」のような意味で使われます。**可算、不可算、単数、複数にかかわらず、すでに話題に

出てきたものには the がつきます。また、初めて話題にのぼる場合でも状況からその名詞が特定できる場合に使われます。例えば I'm sorry for **the mistake**.（**その間違い**についてお詫びします。）のように、お互いに誰のどんな間違いのことか把握していれば the がつきます。

|  | 不特定 | 特定 |
|---|---|---|
| 単数 | **a / an**＋名詞の単数形 | **the** ＋名詞の単数形 |
| 複数 | 名詞の複数形（-s） | **the** ＋名詞の複数形（-s） |

また、**4** の fruit は「果物」、root は「根」という意味もありますが、「成果」や「本質」という意味では前に the をつけます。このように、どんな状況でも the をつけることになっている単語もあります。

## 動詞 ♪ 002

　動詞は人や物事の状態や動作、心の動きなどを表し、文に必須の要素です。動詞の使い方を理解するため、**❶自動詞と他動詞**、**❷動作動詞と状態動詞**の違いについて確認しましょう。

---

**5** **Life** shrinks or expands **in proportion to one's courage.**
人生はその人の勇気に比例して、縮んだり広がったりする。
Anais Nin　1903-1977　フランス生まれの作家

**6** **I don't** design **clothes. I** design **dreams.**
私は洋服をデザインしているのではありません。夢をデザインしているのです。
Ralph Lauren　1939-　アメリカのファッションデザイナー

---

shrink：（動）縮む　in proportion to：〜に比例して

### 自動詞と他動詞の違い

　動詞の使い方を理解する鍵となるのが「何を」「何に」のような動作の対象を表す語で、これを**目的語**と言います。動詞は、**目的語を必要とするかどうか**によって、区別して考える必要があります。この区別は意味の通る文を作る上で重要で、文型（p.32）の前提となる知識なので、しっかりと押さえておきましょう。

　**5** の shrink（縮む）、expand（広がる）には目的語が必要ありません。このような動詞を**自動詞**と言います。自動詞の後に動作の対象を示すには、to や at のような前置詞が必要です。例えば「100 万円**に**拡大する」は expand **to** one million yen と表します。

それに対し、**6** の **design**（～をデザインする）は、後ろに目的語である clothes と dreams を伴って、「洋服**を**デザインする」「夢**を**デザインする」という意味を成しています。もし目的語がなければ「私は**を**デザインする」となり、不完全な文になってしまいます。このような動詞を**他動詞**と言います。

| 自動詞 | 目的語がなくても文が成り立つ |
| --- | --- |
| 他動詞 | 目的語がなければ**文が成り立たない** |

## 自動詞と他動詞の注意点

意味によって**自動詞としても他動詞としても使われる動詞も多い**ので、注意が必要です。**5** の **shrink** と **expand** は「～を縮ませる」「～を広げる」という意味の他動詞として、shrink the distance（距離**を**縮める）、expand business（事業**を**拡大する）のように使われることもあります。

また、**ほぼ同じ意味を表す自動詞と他動詞がある場合もあります**。例えば「（に）到着する」という意味の動詞には、自動詞の arrive（到着する）と他動詞の reach（～**に**到着する）があります。「事務所に到着する」なら、**arrive at** the office〈自動詞＋前置詞＋名詞〉、または **reach** the office〈他動詞＋名詞〉と表すことができます。その動詞、またはその意味が自動詞か他動詞かは１つずつ覚えるしかありませんが、arrive at the office、reach the office のようにかたまりで覚えると頭に残りやすいです。

**7** I have no special talents. I am only passionately curious.
私には特別な才能があるわけではない。ただものすごく好奇心が旺盛なだけだ。
Albert Einstein　1879-1955　ドイツ生まれの物理学者

talent：（名）才能　passionately：（副）熱烈に、激しく
■ Close-up Column Albert Einstein（アルベルト・アインシュタイン）p.30

## 動作動詞と状態動詞の違い

自動詞・他動詞の区分とは別に、**動作動詞**と**状態動詞**という分け方をすることもできます。動作動詞は「１回の動作や行為」を表し、多くの動詞はこちらに分類されます。状態動詞は「継続した状態」を表します。**日本語では「起きる」と「起きている」のように語尾を変化させますが、通例英語では動詞自体が異なるのです**。例えば「起きる」という１回の動作は動作動詞 **get** up

で表しますが、「起きている」という状態は状態動詞 **be** を使って **be** awake と表します。

| **動作動詞** | 1回の動作や行為を表す | get up（起きる）、eat（食べる）、enjoy（楽しむ）など |
|---|---|---|
| **状態動詞** | 一定期間継続している状態を表す | be（…である）、know（知っている）、live（住んでいる）、like（好む）など |

**5** と **6** の shrink、expand、design は１回の動作を表す動作動詞です。それに対し **7** の have、am は状態動詞で、その状態が継続していることを表しています。

## 動作動詞の「時間の幅」の違い

なお、動作動詞の中にも比較的長い時間の幅を持つ動詞もあります。例えば、「昨日は午後 11 時に寝ました」と「昨日は７時間寝ました」という２つの文を比べてみましょう。日本語では同じ「寝る」ですが、英語では動詞を使い分けます。「11 時に**寝る**」は短時間で済む動作を表す go to bed、「７時間**寝る**」はより時間の幅のある sleep で表します。

## 形容詞

形容詞は人や物事の様子・状態・性質などを表します。five（５つの）や much（たくさんの）のように数や量を表す形容詞もあります。形容詞の性質を理解するための基本として、**❶限定用法と叙述用法**、**❷名詞として用いる用法**を押さえましょう。

> **8** A different language is a different vision of life.
>
> 言語が異なると、人生のビジョンも異なる。（直訳：異なる言語は、人生の異なるビジョンである。） Federico Fellini 1920-1993 イタリアの映画監督
>
> **9** Life is very interesting. In the end, some of your greatest pains become your greatest strengths.
>
> 人生ってとても面白いわ。だって最後には、あなたの最大の痛みが、最大の強みになるんだもの。 Drew Barrymore 1975- アメリカの女優

## 名詞を修飾する限定用法

形容詞には２つの使い方があり、**限定用法は、形容詞が名詞を前後から修飾します。** **8** と **9**

の **different**（異なる）と **greatest**（最大の）は、それぞれ名詞の前に置かれ、どんな言語か、どんなビジョンか、どんな痛みか、どんな強みかを説明しています。

　このように、**限定用法の形容詞の多くは名詞の前に置かれ、「…な△△（名詞）」という意味を表します**。ただし、something、anyone、nobody のような -thing、-one、-body で終わる代名詞を修飾する時は、something <u>different</u> とするなど、形容詞が後ろに置かれるパターンもいくつか存在します。

## ■ 文の要素になる叙述用法

　限定用法の形容詞は「どんな」を表す修飾語で、それがなくても文が成り立つのが特徴です。それに対し、もう１つの**叙述用法の形容詞は、それがなくては文が成り立ちません**。もし **9** の１文目に **interesting** がなければ、*Life is very.*（*人生はとても。*）という不完全な文になってしまいます。この **interesting** は、主語 life がどんなものかを説明する補語（p.32）として、この文に必須の要素となっているのです。このように、文が成り立つのに必要な要素となる形容詞の使い方が、叙述用法です。

|  | 文の要素 | 文中での役割 |
|---|---|---|
| **限定用法**の形容詞 | 文の要素にならない ＝ なくても文が成り立つ | 修飾語 |
| **叙述用法**の形容詞 | 文の要素になる ＝ ないと**文が成り立たない** | 補語 |

　なお、**多くの形容詞には両方の用法があります**。interesting も、an interesting book（面白い本）のように限定用法でも使われます。一方、**どちらかの用法しかない形容詞もあるので注意が必要です**。例えば main（主要な）は限定用法のみで、a main reason とは言いますが、*The reason is main.* のような叙述用法では使いません。一方 awake（目を覚まして）は叙述用法のみで、He is awake. とは言いますが、*an awake man* とは言いません。

**10** The weak can never forgive. Forgiveness is the attribute of the strong.
弱い者は人を許すことができません。許すことは、強い者の特質なのです。

Mahatma Gandhi　1869-1948　政治指導者、「インド独立の父」

## 「…な人〔もの〕」を表す〈the ＋形容詞〉

〈the ＋形容詞〉は「…な人〔もの〕」という意味を表します。**the weak** は「弱い人」、**the strong** は「強い人」という意味です。weak people、strong people と同じだと考えることができます。the impossible（不可能なこと）のように、物事を表すこともできます。

## 副詞 ♪ 004

副詞は、**動詞、形容詞、他の副詞、文全体などを修飾**します。**副詞がなくても文は成り立ちます**が、さまざまな情報を付け加えることができます。副詞は単独で使い、通例前後に前置詞や名詞などを伴うことはありません。

> **11** I walk slowly, but I never walk backward.
> 私の歩みは遅いが、歩んだ道を引き返すことは決してない。
> Abraham Lincoln　1809-1865　第 16 代アメリカ合衆国大統領
>
> **12** The stone often recoils on the head of the thrower.
> 石はしばしば投げた人の頭上に跳ね返るものなのです。
> Elizabeth I　1533-1603　イングランドの女王
>
> **13** One fifth of the people are always against everything all the time.
> 20 パーセントの人々は、何事に対してもいつも必ず反対している。
> Robert F. Kennedy　1925-1968　アメリカの政治家

recoil：（動）跳ね返る　thrower：（名）投げる人　against：（前）～に反対して

## 副詞の種類

副詞には **slowly**（ゆっくりと）のように「様態」を表すもの、**backward**（後ろに）のように「場所」を表すもの、**never**（一度も…ない）、**often**（しばしば）、**always**（いつも、必ず）のように「頻度」を表すもの、他に「時」や「程度」を表すものなどがあります。

また、**all the time**（いつも、常に）のような熟語や、**on the head**（頭上に）のような〈前置＋名詞〉も副詞の働きをし、こうした 2 語以上のものは副詞句と呼ばれます。

## 副詞の位置

副詞は通例動詞の後、または文尾に置かれますが、強調や対照のために、文頭に置かれることもあります。また、**never、often、always** のような漠然とした頻度を表す副詞は、一般動詞の前、または be 動詞や助動詞の直後に置かれます。ただし、頻度を表す副詞の中でも、once a month（月に一度）のような明確な頻度を表す副詞は通例文尾に置かれます。

## 代名詞　　　　　　　　　　　　　　　　　　　　　　　　　　　♪ 005

代名詞は、主に**前に述べられた名詞の代わり**に使われます。**英語では主語や目的語を省略しないため、名詞を多用しますが、一度出てきた名詞は基本的に代名詞で置き換えます**。そのため代名詞が頻繁に使われ、文意をつかむ上で重要な役割を担っています。主な代名詞として、ここでは**❶人称代名詞**、**❷指示代名詞**の役割を押さえましょう。

> **⓮ My life didn't please me, so I created my life.**
>
> 私の人生は私を楽しませてくれなかったの。だから私は自分の人生を創造したわ。
>
> Coco Chanel　1883-1971　フランスのファッションデザイナー

please：（動）〜を喜ばせる、〜を楽しませる

## 人称代名詞の主格・所有格・目的格

人称代名詞は、前に述べられた名詞の代わりに使われ、**人称、格、数によって形が変わります**。まず、人称には以下の3種類があります。

| 1人称 | 2人称 | 3人称 |
|---|---|---|
| 話し手（書き手） | 聞き手（読み手） | それ以外の人・もの |

次に、人称代名詞は**文の中の役割によって語形が変わり、その形を「格」と呼びます**。例えば I、my、me はすべて1人称で、話し手（書き手）である「私」を指しますが、⓮の I created 〜．（私は〜を創造した。）の「私」は主語の働きをしているので、**主格**の I が使われています。

**所有格**は後ろに名詞を伴って「〜の△△（名詞）」という意味で使われ、主語、目的語、補語など色々な役割をします。例えば最初の **my** life は主語として、後の **my** life は目的語として使われています。**目的格**は please me のように他動詞の目的語として使われます。また、with me のように前置詞の後にも目的格が使われます。

## 15 We don't want to tell our dreams. We want to show them.

僕たちは夢を語りたいんじゃない。夢を見せたいんだ。

Cristiano Ronaldo　1985-　ポルトガル出身のサッカー選手

## 16 No winter lasts forever; no spring skips its turn.

どんな冬もいつか終わり、必ず春がやって来る。

（直訳：永遠に続く冬はなく、順番を飛ばす春もない。）

Hal Borland　1900-1978　作家、ナチュラリスト

## ものを表す人称代名詞

人称代名詞は、人だけでなくものの代わりにも使われます。15の them は前述の our dreams の代わりに、show の目的語として使われています。16の its は spring('s) の代わりに使われており、its turn で「**春の**順番」を表しています。no spring skips its turn は、「順番を飛ばす春はない」、つまり「春は必ずやって来る」という意味です。

## 人称代名詞の主格・所有格・目的格一覧

以上を踏まえて使い分けを整理すると、次のようになります。

| 人称 | | 主格 | | 所有格 | | 目的格 | |
|---|---|---|---|---|---|---|---|
| | | 単数 | 複数 | 単数 | 複数 | 単数 | 複数 |
| 1人称 | | I | we | my | our | me | us |
| 2人称 | | you | | your | | you | |
| 3人称 | 男性 | he | | his | | him | |
| | 女性 | she | they | her | their | her | them |
| | 人以外 | it | | its | | it | |

なお、所有格に関連して、所有代名詞（mine、ours、yours、his、hers、thiers）もあります。これらは前に出てきた名詞を受けて、「～のもの」という意味を表します。

例）Is this your coat? ― No, it's <u>hers</u> (= her coat).

（これはあなたのコートですか。―いいえ、彼女のものです。）

22

**17** I am always astonishing myself. It is the only thing that makes life worth living.

私はいつも自分自身をあっと驚かせている。それが、人生に生きる価値をもたらす唯一のことだ。　Oscar Wilde　1854-1900　アイルランド生まれの詩人、劇作家

astonish：（動）～を驚かせる　It is A that B.：B なのは A だ。→強調構文（p.223）

## 再帰代名詞

**「主語」**と**「動詞や前置詞の目的語」が同じ人やものの場合**、目的語に**再帰代名詞**を使います。**17** の１文目が astonish **me** ではなく astonish **myself** となっているのは、主語と目的語がどちらも「私」という同一人物だからです。再帰代名詞の使い分けは以下の通りです。

| 人称 | | 単数 | 複数 |
|---|---|---|---|
| １人称 | | myself | ourselves |
| ２人称 | | yourself | yourselves |
| ３人称 | 男性 | himself | |
| | 女性 | herself | themselves |
| | 人以外 | itself | |

また、**名詞や代名詞を強調する時**も再帰代名詞を使います。この時、再帰代名詞は強調する（代）名詞の後ろに置かれることが多いですが、〈動詞（＋目的語）〉の後に置くこともあります。

例）You **yourself** can see it.　または　You can see it **yourself**.

（あなたはそれを**自分で**見ることができます。）

**18** Intelligence plus character — that is the goal of true education.

知性と個性、それが真の教育の目的である。

Martin Luther King, Jr.　1929-1968　牧師、公民権運動家

**19** I attribute my success to this — I never gave or took any excuse.

私が成功したのは、絶対に言い訳をしたり、言い訳を受け入れたりしなかったからです。　Florence Nightingale　1820-1910　看護師、近代看護教育の母

attribute A to B：（動）A を B の結果だと考える　excuse：（名）弁解、言い訳

## 指示代名詞

　近くのものを「こちら」と言ったり、遠くのものを「あれ」と言ったり、**具体的な人やものを指す場合**は、人称代名詞の it や they ではなく、**指示代名詞** の this、these、that、those などを使います。また、指示代名詞は、**話の中で出てきた内容を指す**こともあります。前述の内容には this または that が、後述の内容には this が使われます。

　**18**の that は前述の intelligence plus character を、**19**の this は後述の I never gave or took any excuse を指します。**19**は「私の成功はこれのおかげです」と導入した後に、何のおかげかを具体的に述べています。

| 表すもの | 単数 | 複数 |
|---|---|---|
| 近くのもの、前述の内容、後述の内容 | this | these |
| 遠くのもの、前述の内容 | that | those |

## 前置詞　♪ 006

　前置詞は名詞や代名詞の前に置かれ、**〈前置詞＋（代）名詞〉がひとまとまりで形容詞や副詞の働きをします**。後ろの（代）名詞は**前置詞の目的語**と呼ばれ、代名詞の場合は目的格を使います。ここでは❶前置詞の働き、❷代表的な前置詞の2点を押さえましょう。

---

**20** Today is the first day of the rest of your life.
今日という日は、あなたの残りの人生の1日目である。
　　　　　　　Charles Dederich　1913-1997　薬物中毒患者の救済機関を創設

**21** Don't compare yourself with anyone in this world.
自分のことを、この世の誰とも比較してはいけない。
　　　　　　　Bill Gates　1955-　マイクロソフトの共同創業者

---

## 前置詞の働き

　**20**の of the rest（残りの）は直前の名詞 day を、of your life（あなたの人生の）は直前の名詞 rest を修飾し、どちらも形容詞の働きをしています。**21**の in this world も直前の代名詞

anyone を修飾して、「この世界にいる誰か」という意味を成し、形容詞の働きをしています。一方、**with** anyone（誰かと）は動詞 compare を修飾する副詞の働きをしています。

## 代表的な前置詞

よく使われる前置詞の代表的な意味を確認しておきましょう。ここに挙げた以外にもそれぞれたくさんの意味を持っていますが、前置詞の持つコアイメージを知っておくと、文意をつかみやすくなります。

● **at**：ある1点

| 場所 | ～で | at the bus stop（バス停で） |
|---|---|---|
| 時 | ～に | at ten（10時に）、at dawn（夜明けに） |
| 目標・対象 | ～をめがけて | look at（～を見る）、<br>shout at（～に叫ぶ） |
| 速度・価格 | ～で | at 80 km/h（時速80kmで）、<br>at half price（半額で） |

● **in**：空間内に

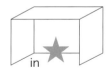

| 場所 | ～の中に | in the box（箱の中に） |
|---|---|---|
| 時 | ～に | in summer（夏に）、<br>in the future（将来に） |
| 時の経過 | 今から～後に | in ten minutes（10分後に） |
| 状況 | ～の状況で | in a hurry（急いで）、<br>in trouble（困って） |

● **on**：接触して

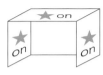

| 場所 | ～に接して | on the desk（机の上に）、on the wall（壁に） |
|---|---|---|
| 時 | 特定の日に | on Friday（金曜日に）、<br>on July 7（7月7日に） |
| 近接 | ～に面して | on the street（通りに） |
| 手段・道具 | ～を使って | on TV（テレビで）、<br>on the internet（ネット上で） |

● **to**：方向・到達点

| 到達点 | ～まで | to the airport（空港まで） |
|---|---|---|
| 方向 | ～のほうへ | turn to the right（右へ曲がる） |
| 時間の終点 | ～まで | from ten to seven（10時から7時まで） |
| 動作の対象 | ～に、～と | speak to him（彼に話しかける） |

● **for**：目標・方向

| 利益 | ～のために | for you（あなたのために） |
|---|---|---|
| 目的 | ～のための、～用の | for children（子ども向けの）、<br>for sale（販売用の） |
| 方向 | ～に向かって | a train for Tokyo（東京行きの電車） |
| 時間 | ～の間 | for two hours（2時間） |
| 要求 | ～を求めて | ask for（～を求める）、<br>look for（～を探す） |

● **of**：所属・分離

| 所有 | ～の | windows of a house（家の窓） |
|---|---|---|
| 部分 | ～の中の | one of them（彼らのうちの1人） |
| 材料・内容 | ～で、～から成る | made of leather（皮製の）、<br>a family of five（5人家族） |
| 数量・年齢 | ～の分量の、～歳の | a cup of coffee（1杯のコーヒー） |

● **from**：起点

| 出発点 | ～から | from home to work（家から会社へ） |
|---|---|---|
| 時の起点 | ～から | from my childhood（子どもの頃から） |
| 出身・出所 | ～から | a letter from him（彼からの手紙） |
| 原料 | ～から | made from milk（牛乳から作られる） |

● **by**：近接して

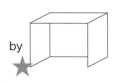

| 近接 | ～のそばに | by the sea（海のそばに） |
|---|---|---|
| 期限 | ～までに | by tomorrow（明日までに）、<br>by ten（10時までに） |
| 手段・方法 | ～によって | by car（車で）、by email（Eメールで） |

● **with**：同伴・付帯

| 同伴 | 〜と一緒に | with my friend（友達と一緒に） |
|------|-----------|------------------------------|
| 特性・所有 | 〜を持った | with a long hair（髪が長い） |
| 道具・手段 | 〜を使って | cut with a knife（ナイフで切る） |
| 様態 | 〜を伴って | with care（注意して）、<br>with pleasure（喜んで） |

## 接続詞　　♪ 007

　接続詞は、文の中で**語と語、句と句、節と節をつなぐ働き**をします。接続詞には、**❶等位接続詞**、**❷従位接続詞**の2種類があります。

### 句と節

　接続詞の働きを理解するにあたり、句・節とは何かを押さえましょう。どちらも**複数の語がひとかたまりになって、1つの品詞の働きをします**。その中に**〈S + V〉を含まないものを句、含むものを節**と呼びます。それがひとかたまりで副詞の働きをする場合は、**副詞句・副詞節**、名詞の働きをする場合は**名詞句・名詞節**のように呼びます。例えば until 7 o'clock（7時まで）は副詞句、until he comes back（彼が戻って来るまで）は副詞節です。

㉒ **Genius is 1 percent inspiration and 99 percent perspiration.**
天才とは、1パーセントのひらめきと、99パーセントの努力である。

Thomas Edison　1847-1931　アメリカの発明家

㉓ **Believe you can, and you're halfway there.**
自分ならできると信じなさい、そうすればもう目標は半ば達成したようなものだ。

Theodore Roosevelt　1858-1919　第 26 代アメリカ合衆国大統領

perspiration：（名）汗、努力　be halfway there：半分まで来ている、半分済んでいる

## 等位接続詞

**等位接続詞は、文法的に対等な語と語、句と句、節と節をつなぎます。**代表的な等位接続詞は次の3つで、以下のような意味を表します。**これらは「；（セミコロン）」で代用されることもあります。**

| and | AとB（並列）、AそれからB（時間的な順序）、AそれでB（因果関係） |
|-----|-----------------------------------------------------------|
| but | AしかしB（逆接・対立） |
| or  | AもしくはB（選択） |

㉒の and は、1 percent inspiration と 99 percent perspiration という語句と語句をつないでいます。1 percent と 99 percent の対比や、inspiration と perspiration が韻を踏んでいるのが印象的ですね。一方、㉓の and は、Believe you can と you're halfway there という節と節をつないでいます。㉓のような〈命令文＋ and ...〉は「〜しなさい、そうすれば…」という意味を表します。〈命令文＋ or ...〉なら「〜しなさい、さもなければ…」という意味になります。

等位接続詞の特徴として、2つの節の主語や述語動詞が同じ場合は、後ろの節の語句を省略できます。

例）He went to Paris last week and (he) met his business partner.
　　（彼は先週パリに行き、（彼は）取引先の人と面会しました。）

㉔ We don't grow when things are easy. We grow when we face challenges.
物事がうまくいっている時は成長できない。困難に直面している時こそ成長できるのだ。　　　　　　　　　　　　　　　　　　　　Anonymous（作者不詳）

㉕ Remember that failure is an event, not a person.
失敗は出来事であり、人格ではないということを覚えておきなさい。
　　　　　　　　　　　　　　Zig Ziglar　1926-2012　自己啓発分野の著述家、講演家

## 従位接続詞

2つの節が文法的に対等な関係にない場合もあります。**文の中核となる主節と、それをサポートする従属節をつなぐ役割をするのが従位接続詞です。**従位接続詞が導く節として、次の2つの

違いを押さえましょう。

**❶副詞節**

　**24**は We don't grow と We grow が主節で、**when** things are easy と **when** we face challenges が従属節です。従位接続詞の **when** が「…する時」という意味で使われ、それぞれの文の2つの節をつないでいます。主節だけで「我々は成長しない〔する〕」という文が成り立ち、従属節は**副詞の役割**をしています。

　副詞節を文頭に置くこともあり、その場合は通例、When things are easy, we ... のように、副詞節と主節の間にコンマが置かれます。

**❷名詞節**

　**25**は Remember（〜を覚えておきなさい）が主節で、命令文なので主語は省略されています。**that** failure is an event, not a person が従属節です。従位接続詞の **that** が「…であること」という意味で使われ、2つの節をつないでいます。この that 節は remember の目的語になっており、**名詞の役割**をしています。

## 間投詞

　Oh、Wow、Oops、Hi のように、文の中で独立して、驚き、感動、喜び、呼びかけなどを表す語を**間投詞**と言います。

# Albert Einstein

（アルベルト・アインシュタイン）

1879-1955　ドイツ生まれの物理学者

　言わずと知れた天才物理学者アルベルト・アインシュタインは、その数々の功績から「20世紀最高の物理学者」と称されています。舌を出した写真が有名ですが、これは **72歳**の誕生日に、カメラマンに「笑ってください」と言われた時の表情だそうです。

## 天才物理学者と呼ばれるまで

　ドイツ南部で生まれた彼は、5歳になるまでほとんど言葉を発せず、あまり人と会話をすることがありませんでした。大人になってからも人付き合いは得意ではなかったようです。一方で数学に関しては才能を発揮し、9歳でピタゴラスの定理を理解し、人から教わることなく自らそれを証明しました。幼い頃から自分で考える力が傑出していたのに加え、さまざまな事象に興味を持ち、常に探求心を忘れませんでした。のちに物理学者として大成した彼は、誰も思いつかなかった理論を次々と組み立てていったその動力源について、次のように述べています。

**I have no special talents. I am only passionately curious.**
私には特別な才能があるわけではない。ただものすごく好奇心が旺盛なだけだ。
（→ p.17）

**The important thing is not to stop questioning.**
大切なのは、疑問を持つのをやめないことだ。

　しかし、彼はすぐに世間に認められたわけではありませんでした。1900年にチューリッヒ工科大学を卒業する際、物理学者になるという夢を持ち、大学に助手として残りたいと考えましたが、その願いは叶いませんでした。嫌いな授業には出なかった彼は出席率が非常に悪く、教授からの評価も良くなかったためと言われています。しばらくは臨時教員などをしながら生活の糧を得ていましたが、1902年に知人の紹介でスイス特許局へ就職します。その仕事は比較的時間に余裕があったため、研究を続け論文を執筆することができました。

そして 26 歳を迎えた彼は、1 年のうちに、現代物理学の基礎となる 3 つの概念を論文に表します。そのうちの 1 つが、のちに発表する「一般相対性理論」の元となる「特殊相対性理論」です。これらの理論は従来の「時間」と「空間」の概念に革命を起こし、その後の物理学を大きく発展させました。さらに、1921 年のノーベル物理学賞受賞の理由となった「光電効果」に関する論文もこの年に発表され、物理学上非常に重要な論文が次々と発表された 1905 年は「奇跡の年」と呼ばれています。

# 科学と戦争の時代に生きて

　その後しばらくして大学教授の職に就き、物理学者としても認められますが、彼が生きたのは科学と戦争の時代でした。人類の歴史を振り返ると、軍事力の強化と科学技術の発展は表裏一体と言えます。例えば私たちの生活に欠かせないインターネット技術も、元々はアメリカ国防総省のプロジェクトから始まったものです。20 世紀に飛躍していった物理学もまた、時代の波にさらわれ、争いに利用されていきました。

　ユダヤ人家系に生まれたアインシュタインは、1933 年に政権を握ったナチスを恐れ、アメリカへ移住します。その後、ナチスが核エネルギーを利用した強力な爆弾を製造する可能性を懸念し、それに対抗するための唯一の選択肢と考えて、フランクリン・ルーズベルト大統領に宛てた原子力の軍事利用を促す書簡に署名します。1939 年に送られたこの書簡が原子爆弾の開発へつながったとも言われていますが、のちに彼は、それは大きな誤りだったと大変悔やんでおり、次の言葉からもその気持ちがうかがえます。

## Never do anything against conscience even if the state demands it.
たとえ国家が要求したとしても、良心に反することは決してしてはならない。

　彼は原子爆弾の開発に直接関与したわけではありませんでしたが、広島と長崎へ原爆が投下されたことをとても悲しみました。同じ理論物理学者である湯川秀樹と対面した際は、その手を握り、多くの日本人を傷つけることになったことを涙ながらに詫びたと言われています。そうして平和への願いを強くしていった彼は、1955 年、イギリスの哲学者バートランド・ラッセルとともに、核兵器廃絶や戦争の根絶、そして科学技術の平和利用などを訴えた宣言文「ラッセル＝アインシュタイン宣言」を発表します。湯川らノーベル賞受賞者も連盟で署名したこの訴えは大きな反響を呼び、世界的な核兵器廃絶運動の出発点となりました。

アルベルト・アインシュタインの名言 → p.17, 55, 57, 63, 76, 85, 119, 146, 154, 195, 218

**日本語は、主語や目的語といった役割を助詞（てにをは）で判断できます。** そのため、語順が変わったり、主語が省略されたりしても意味をつかむことが可能です。

---

○ 私は／彼に／その事実を／伝えました。

○ 私は／その事実を／彼に／伝えました。（語順の並べ替え）

○ その事実を／彼に／伝えました。（主語の省略）

---

**ところが、英語には助詞に相当するものがないため、どの順番で並んでいるかによって語の役割を判断し、文の意味をつかみます。** 他の語順に並べ替えたり、主語を省略したりすると、意味が変わってしまったり、文が成り立たなくなってしまうのです。この語順のルールのことを**文型**と言います。

---

○ I told him the fact.

× *I told the fact him.*（語順の並べ替え）

× *Told him the fact.*（主語の省略）

---

## 文の要素と５文型

### 文の要素の役割と品詞

１つの文が成り立つには、**主語 (S)、述語動詞 (V)、目的語 (O)、補語 (C)** を、決まった順番で並べる必要があります。これらは**文の要素**と呼ばれます。日本語と違って、原則的に、主語や目的語を省略することはありません。それぞれの要素の役割と、使われる品詞を整理しましょう。

| 文の要素 | 役割 | 当てはまる語句 |
|---|---|---|
| 主語 (S) | 動作・状態・気持ちなどの主体を表す | 名詞の働きをする語句 |
| 述語動詞 (V) | 主語の動作・状態・気持ちなどを表す | 動詞（助動詞などを伴う場合もある） |
| 目的語 (O) | 動作の対象（何を・何に）を表す | 名詞の働きをする語句 |
| 補語 (C) | 主語・目的語の性質や状態を説明する | 名詞、形容詞の働きをする語句 |

## 5文型

通例どの文にも主語 (S) と述語動詞 (V) が含まれますが、それ以外の要素をどのように並べるかによって5つの型に分けられます。これを**5文型**と呼びます。

**どの文型を使うかは、述語動詞 (V) によって決まります**。多くの動詞は複数の文型をとることができ、文型によって意味が変わる動詞もあるので、注意が必要です（**p.41**）。副詞などの**修飾語 (M) は文型を決める要素ではありません**が、どの文型にも付け足すことができ、情報を追加するのに役立ちます。

## 第 1 文型　SV(M)　♪ 009

> **1** Peace begins with a smile.
> 　　 S　　 V
>
> 平和は微笑みから始まります。
>
> 　　　　　　　　　Mother Teresa　1910-1997　カトリック教会の修道女
>
> **2** The good teacher explains. The superior
> 　　 S　　　　　　　 V　　　　　 S
> teacher demonstrates. The great teacher
> 　　　　 V　　　　　　　 S
> inspires.
> 　 V
>
> 良い教師は説明する。より優れた教師はやってみせる。偉大な教師は生徒の心に
> 火をつける。　　　　　　　William A. Ward　1921-1994　教育者、著述家

superior：（形）より優れた　inspire：（動）鼓舞する、奮い立たせる

## 主語と述語動詞の役割

**1** の主語 (S) は Peace で、述語動詞 (V) begins の主体を表します。〈前置詞＋名詞〉の with a smile は修飾語 (M) です。**第1文型は多くの場合、このように修飾語 (M) を伴います**。

**2** の主語 (S) は、**The good teacher**、**The superior teacher**、**The great teacher** で、それぞれの述語動詞 (V) である **explains**（説明する）、**demonstrates**（実演する）、**inspires**（鼓舞する）の動作の主体を表しています。3つの文とも、主語がすべて〈the ＋形容詞＋ teacher〉となっており、形容詞を good（良い）、superior（より優れた）、great（偉大な）とより上位に変えてその行動を比較しています。

## 第 1 文型をとる動詞

第 1 文型には、自動詞（p.16）のうち、補語をとらずに意味が通る動詞が使われます。**1**の **begin**（始まる）は後ろに何も伴わなくても意味が通ります。**2**もそれぞれ〈S＋V〉だけで文が成り立っています。**explain**、**demonstrate**、**inspire** は、いずれも「**～を説明する**」などの他動詞の用法もありますが、ここでは自動詞として使われています。

**第 1 文型で動作の対象を表す場合は、前置詞が必要です。**　**1**は begin <u>with</u> と with を伴って「～で〔～から〕始まる」という意味を成します。他にも次のような動詞が第 1 文型をとります。

> live（住む）、go（行く）、come（来る）、run（走る）、arrive（着く）、look（見る）、
> wait（待つ）、laugh（笑う）、talk（話す）、start / begin（始まる）など

> **3** There <u>is</u> always <u>light</u> behind the clouds.
> 　　　　　　V　　　　　　　S
> 雲の向こうには、いつも青空が広がっている。
> 　　　　　　Louisa May Alcott　1832-1888　小説家、『若草物語』の作者
>
> **4** There <u>are</u> <u>no regrets</u> in life, just lessons.
> 　　　　　　V　　　　S
> 人生に後悔など存在しないわ。ただ学びがあるだけよ。
> 　　　　　　Jennifer Aniston　1969-　アメリカの女優

light：（名）光、日光　cloud：（名）雲、心配などが引き起こす暗い影

## There ＋ be 動詞＋主語（S）＋場所

〈There ＋ be 動詞＋主語 (S) ＋場所〉は**「～が…にいる〔ある〕」**という意味です。文の要素は主語 (S) と述語動詞 (V) だけなので、これも第 1 文型と言えます。通常の文と違って〈V＋S〉の語順になっており、その後ろに場所を示す副詞や〈前置詞＋名詞〉が続きます。**3**は behind the clouds、**4**は in life が場所を示す役割をしています。また、be 動詞は、**3**は主語 (S) が単数の **light** なので **is**、**4**は複数の **regrets** なので **are** を使っています。

なお、これは「存在（何かがあること）」を知らせる表現です。相手が存在を知っているものについて、「場所（どこにあるか）」を知らせる場合には、通常の語順となります。

例） **There is** a post office near here.（この近くに郵便局がありますよ。）
The post office **is** near here.（その郵便局はこの近くにありますよ。）

## 第 2 文型　SVC　♪ 010

**5** **Failure and invention** <u>are</u> **inseparable twins**.
　　　　　　S　　　　　　　　V　　　　C
失敗と創造は、分けることのできない双子のようなものだ。
Jeff Bezos　1964-　Amazon の共同創業者

**6** **The key to successful leadership today** <u>is</u>
　　　　　　　　　　　S　　　　　　　　　　　　　V
**influence**, not authority.
　C
今の時代、リーダーシップを発揮する鍵となるのは、権威ではなく影響力である。
Ken Blanchard　1939-　作家、経営コンサルタント

**7** **Bad weather** always <u>looks</u> <u>worse</u> through a
　　　　　S　　　　　　　　　　V　　　C
window.
悪天候は、窓越しにはいつも土砂降りに見える。
Tom Lehrer　1928-　シンガーソングライター

inseparable：（形）分けられない　the key to：～の鍵、～の秘訣　authority：（名）権威、権力

## 第 2 文型の補語の役割

　**補語は、第 2 文型では主語の性質、状態、内容などを説明します。** **5** は Failure and invention（失敗と創造）が主語 (S) で、are が述語動詞 (V) です。「失敗と創造は、です」だけでは意味を成さないため、後ろに補語 (C) が必要です。ここでは名詞の inseparable twins（分けることのできない双子）が続き、主語 (S) がどのようなものなのか説明しています。

　**6** も同様に名詞の influence（影響力）が補語 (C) の役割をして、主語 (S) の the key to successful leadership today（今の時代の成功するリーダーシップの鍵）を説明しています。

　**7** は形容詞の worse（より悪い）が補語 (C) の役割をして、主語の Bad weather（悪天候）を説明しています。副詞の always（いつも）や〈前置詞＋名詞〉の through a window（窓を通すと）は、修飾語 (M) です。

## 第2文型をとる動詞

第2文型には、自動詞のうち、補語をとらなければ意味を成さない動詞が使われます。be動詞はその代表で、他にも次のような動詞が第2文型をとります。

| 状態 | be（…である）、remain（…のままでいる）、keep（ずっと…である） |
|------|------------------------------------------------------|
| 外見 | look（…に見える）、seem（…のようだ） |
| 変化 | get / become / turn（…になる） |
| 感覚 | feel（…の感じがする）、smell（…のにおいがする）、sound（…に聞こえる） |

## 第3文型　SVO　♪ 011

**8** <u>All great achievements</u> <u>require</u> <u>time</u>.
　　　　　　S　　　　　　　　　　V　　　O

すべての偉業は時間を要します。

Maya Angelou　1928-2014　詩人、作家、公民権運動家

**9** <u>We</u> <u>learn</u> from history <u>that we do not learn</u>
　　 S　　V　　　　　　　　　　　　　　O

<u>from history</u>.

我々は歴史を学ぶと、我々が歴史から何も学んでいないことがわかる。
（直訳：我々は歴史から、我々が歴史から学んでいないということを学ぶ。）

Friedrich Hegel　1770-1831　ドイツの哲学者

## 目的語の役割

第3文型～第5文型には目的語 (O) が必須の要素です。**目的語とは、述語動詞が表す動作、状態、気持ちなどの対象となる人やもの**のことで、**使われるのは名詞のみです。8** は time（時間）が目的語として、require（～を必要とする）という動作の対象になり、「何を」必要とするかを表しています。

**9** は that we do not learn from history（我々が歴史から学んでいないということ）が目的語です。learn（～を学ぶ）という動作の対象として、「何を」学ぶかを表しています。このように、**単語だけではなく、名詞句や名詞節（p.29）が目的語になることもあります。**

## 第3文型をとる動詞

第3文型には**他動詞**（p.17）が使われます。get（〜を手に入れる）、have（〜を持っている）、buy（〜を買う）、enjoy（〜を楽しむ）など、とても多くの動詞が第3文型をとります。**目的語 (O) の前に前置詞は不要**で、discuss the matter（そのことについて話し合う）、enter the room（その部屋に入る）のように直後に目的語を伴います。*discuss about* や *enter into* のように前置詞を伴うのは誤りなので注意しましょう。

## 第4文型　SVOO

♪ 012

**⑩** History teaches us the mistakes we are going
　　 S　　　 V　　 O　　　 O
to make.

歴史は、これから犯すことになる過ちについて我々に教えてくれる。

Laurence J. Peter　1919-1990　カナダ生まれの教育学者

## 2つの目的語の役割

**第4文型は目的語 (O) を2つとり、「〜に」を表す1つ目の目的語に「人」を、「〜を」を表す2つ目の目的語に「もの」を置きます。** ⑩は teach（〜に…を教える）という動作の対象として、**us** と **the mistakes** が目的語になっており、「誰に」「何を」教えるかを表しています。なお、最後の we are going to make（我々が犯すことになる）は **the mistakes** を修飾し、どんな過ちなのかを表しています（→関係代名詞 p.190）。

## 第4文型をとる動詞

第4文型をとる動詞は、**他動詞のうち目的語 (O) を2つとるもの**に限られます。主に、teach（〜に…を教える）、give（〜に…を与える）のように、**「人にものを…する〔してあげる〕」**という意味を表します。動詞の例は次のページで確認します。

次のような動詞は、一見問題なさそうでも、第4文型をとらないので注意が必要です。文型は動詞によって決まるため、左側の表現は間違いです。

| × ***borrow*** *him* *some money* | ○ **borrow** some money **from** him<br>（彼にいくらかお金を借りる） |
|---|---|
| × ***explain*** *me* *your idea* | ○ **explain** your idea **to** me<br>（私にあなたの考えを説明する） |
| × ***suggest*** *her* *an idea* | ○ **suggest** an idea **to** her<br>（彼女に考えを提案する） |

## 第3文型への書き換え

第4文型の文の順番を変えて「もの」を先に置くと第3文型になり、「人」の前に前置詞が必要となります。ただし、意味がまったく同じというわけではなく、**第3文型と第4文型では「人」と「もの」のどちらを強調しているかが異なります**。

| 第3文型 | He gave a ring to me.<br>S　V　　O | 「私に」を強調 |
|---|---|---|
| 第4文型 | He gave me a ring.<br>S　V　O　O | 「指輪を」を強調 |

前置詞は以下のように動詞によって to と for を使い分けます。おおまかに言って、その動作が、**「その人へ」** という到達点を表す場合は **to** を、その場に相手がいなくても **「その人のために」** その動作をすることができるのなら **for** を使うと考えるとわかりやすいでしょう。

| **to** を使う動詞 | teach（教える）、give（与える）、show（見せる）、lend（貸す）、<br>send（送る）　など |
|---|---|
| **for** を使う動詞 | buy（買ってあげる）、make（作ってあげる）、find（見つけてあげる）、<br>cook（料理してあげる）、choose（選んであげる）　など |

# 第5文型　SVOC

♪ 013

**⑪ Keep hope alive!**
　　 V　　 O　　 C

希望を持ち続けるのです！（直訳：希望を生かし続けなさい！）

Jesse Jackson　1941-　牧師、公民権運動家

**⑫ We can change the world and make it a better**
　 S　 V　　　 O　　　　 V'　 O'　 C'

**place.**

我々は世界を変えることもできるし、世界をより良い場所にすることもできる。

Nelson Mandela　1918-2013　黒人初の南アフリカ大統領

≡Close-up Column Nelson Mandela（ネルソン・マンデラ）p.80

## 第5文型の補語の役割

　**補語 (C) は、第5文型では目的語の性質、状態、内容などを説明します。**⑪は hope（希望）が目的語 (O)、**alive**（生きている）が補語 (C) です。動詞 keep（～を…にしておく）の後に続き、「何を」「どんな状態に」しておくのかを表しています。命令文なので主語はなく、「希望を生かし続けなさい」という意味を成しています。

　⑫の後半は、and **we can make** ... ですが、**we can** は前半と共通なので省略され、and **make** ... となっています。ここでは **it**（それ）が目的語 (O)、**a better place** が補語 (C) です。動詞 **make**（～を…にする）の後に続き、「何を」「どんな状態に」するのかを表しています。代名詞の **it** は前述の the world の代わりに使われており、「世界をより良い場所にする」という意味を成しています。

## 第5文型をとる動詞

第5文型をとる動詞は次のような他動詞で、動詞の後に目的語 (O) と補語 (C) を続けます。

| 状態 | keep（～を…にしておく）、make（～を…にする）、get（～を…にする）、leave（～を…のままにしておく） |
|---|---|
| 判断 | find（～が…だとわかる）、think（～を…だと思う）、consider（～を…とみなす） |
| 呼び方 | call（～を…と呼ぶ）、name（～を…と名づける） |

🔢のように目的語の後ろに名詞が置かれている場合、2つの可能性があります。その名詞が「何を」という動作の対象になっていれば第4文型 (SVOO) の目的語 (O) です。また、すぐ前の目的語の説明をしていれば第5文型 (SVOC) の補語 (C) と判断できます。

　例）make her dinner（彼女に夕飯を作る）
　　　→第4文型（dinner は目的語）
　　　make the world a better place（世界をより良い場所にする）
　　　→第5文型（a better place は補語）

# 文型によって意味が変わる動詞

　多くの動詞は複数の文型をとり、どの文型をとるかによって意味が変わります。いくつか例を確認しましょう。

## ●第１文型・第２文型をとる動詞の例

| look（＋ 副詞） | 第１文型 | 見る | look at the boy（その少年を見る） |
| look ＋ 形容詞 | 第２文型 | …に見える | look good（良さそうに見える） |
| go（＋ 副詞） | 第１文型 | 行く | go to Tokyo（東京へ行く） |
| go ＋ 形容詞 | 第２文型 | …になる | go sour（すっぱくなる） |
| come（＋ 副詞） | 第１文型 | 来る | come home（帰宅する） |
| come ＋ 形容詞 | 第２文型 | …になる | come true（実現する） |

## ●第１文型・第３文型をとる動詞の例

| run（＋ 副詞） | 第１文型 | 走る | run along the river（川沿いを走る） |
| run ＋ 名詞 | 第３文型 | ～を経営する | run a cafe（カフェを経営する） |

## ●第１文型・第２文型・第３文型をとる動詞の例

| get（＋ 副詞） | 第１文型 | 着く | get there（そこへ着く） |
| get ＋ 形容詞 | 第２文型 | …になる | get ready（準備ができる） |
| get ＋ 名詞 | 第３文型 | ～を手に入れる | get a watch（腕時計を買う） |

## ●第３文型・第４文型・第５文型をとる動詞の例

| make ＋ 名詞 | 第３文型 | ～を作る | make a shelf（棚を作る） |
| make ＋ 名詞 ＋ 名詞 | 第４文型 | ～に…を作る | make her lunch（彼女に昼食を作る） |
| make ＋ 名詞 ＋ 名詞・形容詞 | 第５文型 | ～を…にする | make her happy（彼女を幸せにする） |
| find ＋ 名詞 | 第３文型 | ～を見つける | find a good book（良い本を見つける） |
| find ＋ 名詞 ＋ 名詞 | 第４文型 | ～に…を見つける | find him a nice tie（彼に素敵なネクタイを見つける） |
| find ＋ 名詞 ＋ 形容詞 | 第５文型 | ～が…だとわかる | find him kind（彼が親切だとわかる） |

# Mark Twain
## （マーク・トウェイン）

1835-1910　19世紀アメリカを代表する作家

　マーク・トウェイン（本名 Samuel Langhorne Clemens）は、『トム・ソーヤの冒険』など、アメリカの自然や独自の価値観を表現した冒険小説により、米文学を確立しました。1954年にノーベル文学賞を受賞したアーネスト・ヘミングウェイは「すべての現代アメリカ文学はマーク・トウェインの『ハックルベリー・フィンの冒険』という1冊の本に由来する」と述べています。あのウォルト・ディズニーも彼に憧れた1人で、東京ディズニーランド®のウエスタンランドには、「蒸気船マークトウェイン号」と「トムソーヤ島いかだ」のアトラクションが肩を並べています。

## 波乱万丈な人生

　彼は五男二女の四男としてアメリカ・ミズーリ州で生まれました。まだ11歳の時に父親が亡くなり、新聞社の印刷工として働き始めますが、その後資格を得て、当時花形職業だった蒸気船の水先案内の仕事に就きます。彼が案内していたミシシッピ川は、地形が複雑で川の流れも変わりやすく船の事故が多かったため、川に詳しい案内人を船に乗せ、指示を仰いでいたのです。ペンネームの Mark Twain は、水先案内人が安全な水深を確認する際のかけ声に由来しています。この頃の彼は高収入を得ながら充実した生活を送っていました。

　しかしその後南北戦争（1861-1865）が勃発。職を失った彼は、今度は新聞社の記者として働き始めます。家族ができ、旅行記やユーモア小説が評判となり、公私ともに幸せな生活を送りますが、その後家族が相次いで他界し、自らの投資の失敗により破産。借金返済のため積極的に講演活動を行うようになりました。

## ユーモアへの愛

　小説家、旅行記作家、講演家として幅広く活躍した彼は、知性とユーモアに溢れた人として知られ人気を博しました。彼の講演の人気ぶりと、彼のユーモアがうかがえるエピソードがあります。講演のために訪れた町の床屋に、ひげ剃りのため立ち寄った時のことです。この町は初めてだと言う彼に、床屋の主人がこう言います。「いい時に来ましたね。今晩マーク・トウェインが講演をするんですよ。行きたいですか？　だとしても、もう立ち席しかありませんよ。」それに対し、彼はため息まじりにこう答えます。

## Just my luck. I always have to stand when that fellow lectures!

ついてないなあ。そいつが講演をする時は、僕はいつも立ってなきゃいけないんだ。

　講演を聞きに行った床屋の主人は、さぞ驚いたことでしょうね。特に晩年は pessimistic （悲観的）な作風が強まったと言われていますが、人生の辛苦を味わってきた彼だからこそ、より一層ユーモアを大切にしていたのかもしれません。

## Humor is mankind's greatest blessing.

ユーモアは人類の最高の恵みである。

## The secret source of humor itself is not joy but sorrow.

ユーモアそれ自体の秘密の源は、喜びではなく悲しみである。

# ごく普通の日常を観察する目

　くすりと笑えたり思わずうなずいてしまったりする彼の言葉は、時代や国境を越えて語り継がれていますが、意外にも彼の自伝にはありふれた日常が丁寧に記録されています。印象的な出来事ではなく、ごく普通の経験を記している理由を、彼は次のように述べています。

## ~ the narrative must interest the average human being because these episodes are of a sort which he is familiar with in his own life, and in which he sees his own life reflected and set down in print.

普通の人はこのような語り口に興味を持つはずです。なぜならこのようなエピソードは、自分自身の生活で慣れ親しんだ類のことであり、自分自身の生活でよく見かけることが反映され文字に記されているからです。

　日常を丁寧に観察したからこそ、多くの人を魅了する作品が生まれたのでしょうね。

マーク・トウェインの名言 → p.199

文の種類

英語の文は、**どのような内容を伝えるかによって、平叙文、疑問文、命令文、感嘆文の4種類に分かれます**。文型と同様、語順に注意してそれぞれの文の特徴を確認しましょう。

## 平叙文（普通の文） ♪ 015

疑問文・命令文・感嘆文以外の、いわゆる「普通の文」を**平叙文**と呼びます。平叙文には、「…です」という意味の**肯定文**と、「…ではありません」という意味の**否定文**があります。どちらも〈主語 (S) ＋述語動詞 (V)...〉の語順です。**be 動詞**の文と**一般動詞**の文に分けて、文の作り方を確認しましょう。

---

**❶ My true religion is kindness.**
私が真に信仰するものは、思いやりの心です。
14th Dalai Lama　1935-　チベット仏教の最高指導者

---

### be 動詞の文

be 動詞には以下の5つがあり、主語と時制によって下記の表の通り使い分けます。❶ の主語は My true religion（私の本当の信仰）であり、3人称・単数・現在形なので、is が使われています。

| 主語の人称 | 主語の数 | 主語 | 現在形 | 過去形 |
|---|---|---|---|---|
| 1人称（自分） | 単数 | I | **am** | **was** |
| 3人称（自分と相手以外） | 単数 | he / she / it / Tom など | **is** | |
| 上記以外 | ― | we / you / they / people など | **are** | **were** |

**be 動詞の文を否定文にする時は、be 動詞の後ろに not を置きます**。

例）I am busy.　→　I am **not** busy.

**2** Life doesn't run on railway tracks. It doesn't always go the way you expect.

人生はレールの上を走っているわけではない。必ずしも思い通りの方向へ進むとは限らないさ。

William Boyd　1952-　イギリスの作家、脚本家

railway track：（名）線路　not always：必ずしも…ない

## 一般動詞の文

be 動詞以外の動詞を**一般動詞**と呼びます。**2** の run や go のような**一般動詞の文を否定文にする時は、〈do / does / did + not〉を動詞の原形の前に置きます**。do / does / did は助動詞で、意味は特にありませんが、一般動詞の文を否定文や疑問文にするために必要です。

| 主語 | 時制 | 例文 |
|---|---|---|
| ３人称単数以外 | 現在 | We **do not** play tennis after lunch. |
| ３人称単数 | 現在 | Tom **does not** play tennis after lunch. |
| ― | 過去 | They **did not** play tennis yesterday. |

**2** の主語 Life は３人称・単数で、時制は現在なので、**doesn't**（does not）が使われています。２文目の代名詞 It は Life を指すので、後半も同じく **doesn't** が使われています。なお、最後の the way you expect は、you expect（あなたが期待する）が the way を修飾し、「思い通りの方向」という意味を表しています（→関係代名詞 p.190）。

**3** All our dreams can come true — if we have the courage to pursue them.

すべての夢は実現し得る ── それを追い求める勇気があればね。

Walt Disney　1901-1966　ディズニーの創業者

pursue：（動）〜を追求する

## 助動詞を使った文

can（…できる、…し得る）などの助動詞がある場合、**後ろに続く動詞は原形**になります。**否定文は〈助動詞＋ not ＋動詞の原形〉の語順です**。will not などと異なり、can の否定形は、スペースを空けず cannot と表します。短縮形は can't、won't のように表します。

> **4** **Open your eyes, look within. Are you satisfied with the life you're living?**
>
> 目を開いて、自分自身を見つめてごらん。君は自分の生きている人生に満足しているかい？　　　　　　　　Bob Marley　1945-1981　レゲエミュージシャン
>
> **5** **Is there anything more important than a child?**
>
> 子どもより大切な存在なんてあるのかしら。
>
> 　　　　　　　　Audrey Hepburn　1929-1993　女優、ユニセフ親善大使

look within：覗き込む、しっかりと見つめる

## be 動詞の疑問文

　be 動詞の疑問文は、〈be 動詞＋主語 (S)...?〉の語順です。**4** は **Are you** satisfied with 〜？で「〜に満足しているか」と尋ねています。なお、最後の the life you're living は、you're living（あなたが今生きている）が the life を修飾をしています（→関係代名詞 p.190）。

　〈There ＋ be 動詞＋主語 (S) ...〉の疑問文は、〈be 動詞＋ there ＋主語 (S) ...?〉の語順です。**5** の主語は代名詞の anything（何か）で、後ろに比較級を続け「〜より大切な何かがあるか」と尋ねています。anything は疑問文で「何か」、否定文で「何も（…ない）」という意味で使います（肯定文で「何か」と言う場合は something）。

> **6** **Do you want to sell sugar water all your life, or do you want to come with me and change the world?**
>
> 砂糖水を売って一生を過ごしたいですか、それとも、私と一緒に来て世界を変えたいですか。　　　　　　Steve Jobs　1955-2011　Apple の共同創業者

**≡Close-up Column** Steve Jobs（スティーブ・ジョブズ）p.138

## 一般動詞の疑問文

　一般動詞の疑問文は、〈Do / Does / Did ＋主語 (S) ＋動詞の原形...?〉の語順です。do / does / did の使い分けは、一般動詞の否定文と同じです。**6** は主語が you なので、**Do you** want ...? となっています。

〈want to ＋動詞の原形〉は「…したい」という意味で、sell、come、change という３つの行動をしたいか尋ねています。and と change の間には do you want to が省略されています。この言葉は、スティーブ・ジョブズがジョン・スカリーをペプシコーラから Apple に引き抜くために言った誘い文句として有名です。

**7** **What can you do to promote world peace? —**
**Go home and love your family.**
世界平和のためにできることは何でしょうか？　— 家に帰って家族を愛してあげてください。　　　　　　　　　　　Mother Teresa　1910-1997　カトリック教会の修道女

## 助動詞の疑問文

　**助動詞を含む疑問文は、〈助動詞＋主語 (S) ＋動詞の原形...?〉の語順です。** **7** の to promote world peace は「世界平和を促進するために」という目的を表しています（→不定詞 p.89）。Go home ... は、p.48 で説明する命令文です。一人ひとりが身近な人を大切にすることから平和への道が開ける、というマザー・テレサの教えが詰まった名言です。

## WH 疑問文

　when（いつ）、where（どこで）、who（誰が）、what（何を）、why（なぜ）、how（どのように）などを**疑問詞**と言います。これまで説明してきた疑問文（Yes/No 疑問文）は Yes や No で答えられるのに対し、疑問詞を使った疑問文は〈**疑問詞＋ Yes/No 疑問文...?**〉の語順で、**具体的な情報を尋ねます**。

例）Were you busy <u>yesterday</u>?（昨日は忙しかったですか。）

　　→ **When** were you busy?（**いつ**忙しかったのですか。）

## 疑問詞が主語の疑問文

　「誰が〔何が〕…?」のように**疑問詞が主語の疑問文は、肯定文と同じ語順です**。一般動詞の場合は Yes/No 疑問文と異なり、do / does / did を使わないことにも注意しましょう。

例１）<u>Tom</u> was absent.（<u>トム</u>は欠席でした。）→ **Who** was absent?（**誰が**欠席でしたか。）

例２）Does <u>Tom</u> like it?（<u>トム</u>はそれを気に入っていますか。）

　　→ **Who** likes it?（**誰が**それを気に入っているのですか。）

## 8 Life is full of surprises, isn't it?

人生って驚きに満ちている、そう思わないかい？

Charlton Heston　1923-2008　アメリカの俳優

## その他の疑問文

　**平叙文の後ろに疑問形をつけて、相手に同意を求めたり確認したりする**疑問文もあります。これを**付加疑問文**と言い、肯定文には not を含む否定形を、否定文には not を含まない肯定形を続けます。**8** は〈肯定文＋否定の疑問形〉で、life is に対応して、**isn't it** を付け加えています。

　その他、A or B（A ですかそれとも B ですか）と、選択肢を示す**選択疑問文**や、Don't you、Wasn't he などで始め「…ではないのですか」と尋ねる**否定疑問文**もあります。否定疑問文の答え方には注意が必要です。英語では内容が肯定なら Yes、否定なら No と答えるため、通常の疑問文でも否定疑問文でも答え方は同じです。

例）Do you〔Don't you〕want to go with me?　（一緒に行きたい〔行きたくない〕ですか。）

　　→ 行きたい（**肯定**）なら **Yes**、行きたくない（**否定**）なら **No**。

## 命令文　　　　　　　　　　　　　　　♪ 017

## 9 Turn your wounds into wisdom.

あなたの傷を知恵に変えるのです。

Oprah Winfrey　1954-　アメリカの司会者、女優、慈善家

## 10 Boys, be ambitious!

少年よ、大志を抱け！　　　　William S. Clark　1826-1886　札幌農学校初代教頭

≡Close-up Column Oprah Winfrey（オプラ・ウィンフリー）p.50

## 一般動詞・be 動詞の命令文

　**命令文は相手に指示する時に使われる文です。主語の you は省き、動詞の原形で始めます。**
**9** は一般動詞 Turn で始めて、「〜を変えなさい」という意味を表しています。**10** は be 動詞の文なので、原形 be で始め、「〜でいなさい」という意味を表しています。なお、最初のBoys は呼びかけで、主語ではありません。

**⑪ Don't try to be original, just try to be good.**

独創的であろうとせず、ただ良くあろうとしなさい。

Paul Rand　1914-1996　グラフィックデザイナー

## 否定の命令文

〈Don't〔Do not〕＋動詞の原形〉の語順で「…してはいけません」という禁止を表します。be 動詞の命令文は Don't be ... で始めます。⑪の **Don't try to ...** は「…しようとしてはいけない」、**try to ...** は「…しようとしなさい」という意味です。なお、try の後の〈to ＋動詞の原形〉は「独創的であること」「良い状態であること」という名詞のかたまりです（→不定詞 p.84）。

## 感嘆文

♪ 018

**⑫ How beautiful life is and how sad! How fleeting, with no past and no future, only a limitless now.**

人生はなんと美しく、なんと悲しいものか！　過去も未来もなく、限りなく今が続くだけの、なんと儚いものか。

James Clavell　1924-1994　作家、脚本家、映画監督

**⑬ Color! What a deep and mysterious language, the language of dreams.**

色彩よ！　なんと深く神秘的な言葉であることか。それは夢の言葉だ。

Paul Gauguin　1848-1903　後期印象派の画家

## 感嘆文の語順

感嘆文は、感動、喜び、残念な気持ちなどの強い感情を表す時に使われる文です。〈How ＋形容詞〔副詞〕（＋ S ＋ V）!〉の語順で、「なんて…なのでしょう」という意味を表します。⑫は life のことを **How beautiful**（なんと美しい）、**how sad**（なんと悲しい）、**How fleeting**（なんと儚い）と表しています。

「なんて…な△△（名詞）なのでしょう」と名詞について表す時は〈What ＋（a/an ＋）形容詞＋名詞（＋ S ＋ V）!〉の語順です。⑬は language が deep and mysterious（深くて神秘的）だと強調しています。the language of dreams の前のコンマは「つまり、すなわち」という意味で、直前の言葉を言い換えています（→同格 p.219）。

# Oprah Winfrey
## （オプラ・ウィンフリー）

1954- アメリカの司会者、女優、慈善家

　国民的人気を博したお昼の長寿番組の司会者といえば、皆さんは誰を思い浮かべますか？ここがアメリカなら、多くの人が彼女を思い浮かべるでしょう。オプラ・ウィンフリーは、1986年から2011年までアメリカで25年間続いた国民的人気番組『オプラ・ウィンフリー・ショー』の司会者として有名です。さらに女優や慈善家としても知られ、「アメリカで最も成功した女性の1人」とも「世界で最も影響力のある女性の1人」とも称されています。出生証明書に記載されている名前は Orpah（オーバ）ですが、r と p が逆になり Oprah（オプラ）と呼ばれるようになったそうです。

## オプラ・ウィンフリー・ショー

　彼女の影響力は絶大で、番組の中の "Oprah's Book Club" というコーナーで紹介した書籍の多くはたちまちベストセラーになりました。また、クリスマスや彼女の誕生日には "Oprah's Favorite Things" というコーナーがあり、お気に入りの商品をスタジオに来ている観客にプレゼントしました。パイやクロワッサンといった食べ物の他、コートやカメラ、驚くことにシドニー旅行や車をスタジオに来ていた観客全員にプレゼントしたこともありました。

　また、このような視聴者を喜ばせるコーナーだけでなく、ここでしか聞けないゲストの有名人とのトークや、彼女が取り扱う話題も多くの人の心を捉えました。自らの辛い経験も包み隠さず話し、社会的に弱い立場にある人たちに心を寄せる彼女の姿勢に、多くの人が共感したのです。

## 壮絶な生い立ち

　彼女は1954年、10代の未婚のアフリカ系アメリカ人の男女の元に生まれました。貧困に加え、親族や知人からの肉体的・精神的な虐待など、育った環境は決して恵まれているとは言えませんでした。14歳で妊娠し出産しましたが、その子どもは生まれてすぐに亡くなっています。さらに彼女の生まれ育った時代、特にアメリカ南部には今よりはるかに厳しい人種差別が存在していました。公営バスに乗っていた主婦ローザ・パークスが、白人に席を譲るよう運転手に要求され、拒否したために逮捕されたのは、彼女の生まれた翌年のことです。

こうした時代的・社会的背景も踏まえると、彼女が輝かしい成功を収めるまでに乗り越えてきた苦難がいかに大きなものだったかが察せられます。

　その後、父親と暮らすためテネシー州のナッシュビルに移り住み、奨学金を得てテネシー州立大学に入学。19歳の時、地元テレビ局のニュースキャスターに採用されます。明るく素直な性格で人気者になった彼女は、シカゴのトークショーを任されます。のちにこの番組が「オプラ・ウィンフリー・ショー」に改名されました。

## 過去の傷を知恵に変えて

　こうした自身の経験から、番組では人種差別、性差別、児童虐待などの社会問題を積極的に取り上げました。番組で本を紹介していたのも、彼女が子どもの頃、本を読むことで別の世界があることを知り勇気づけられたため、良い本を多くの人に紹介したいという思いがあったようです。

　また、慈善活動にも非常に熱心に取り組み、アフリカに小学校を設立するなど、これまでに寄付をした額は200億円を超えるとも言われています。次の短い言葉に彼女の成功の秘訣と信念をうかがい知ることができます。

## Turn your wounds into wisdom.
あなたの傷を知恵に変えるのです。（→ p.48）

## Excellence is the best deterrent to racism or sexism.
卓越することが、人種差別や性差別に対して最も抑止効果があるわ。

deterrent：（形）妨げる、抑止の

　子どもの頃に精神的にも肉体的にも大きな傷を負った彼女ですが、不屈の精神と明るさでその地位を築いていった姿に勇気づけられます。

オプラ・ウィンフリーの名言 → p.48, 87

　現在・過去・未来の３つを英語の**基本時制**と呼びます。go（現在形）、went（過去形）のように、**現在時制・過去時制では、動詞の語形を変化させます**。一方、未来時制では will go、be going to go のように、**未来を表す表現**を使います。この３つの他にも、英語の時制には完了形と進行形がありますが、それらについては、p.61 以降で説明します。

　また、時制は「時間」の情報を伝える他、丁寧さや確信の度合いなどの情報を伝えることもあります。ここではそれぞれの時制が表す情報について理解しましょう。

## 現在形　　♪ 020

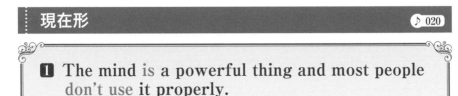

❶ **The mind is a powerful thing and most people don't use it properly.**
心は強い力を持っているが、ほとんどの人がそれを適切に使っていない。
Mark McGwire　1963-　アメリカの元プロ野球選手

❷ **Practice makes perfect.**
習うより慣れろ。〔継続は力なり。〕　English Proverb（ことわざ）

properly：（副）正しく、適切に　practice：（名）練習、けいこ

### 現在形の表す意味

　現在形は、通例過去から現在そして未来へと続く、**ある程度長い時間における動作や状態**を表します。現在形の表す意味は、主に次の３つです。

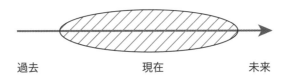

過去　　　　　　　　現在　　　　　　　未来

**❶動作動詞**の現在形：**反復的な動作や出来事**を表す

　動作動詞（p.17）の現在形は、I **use** the website every day.（私は毎日そのウェブサイト**を使います**。）のように、日々行われる動作を表します。❶はその否定形で、**don't use**（使わない）という動作が反復的に行われているということです。なお、**I'm using** the file.（私は今そのファイル**を使っています**。）のように、たった今行っている動作は、通例現在進行形（p.68）で表します。

❷**状態動詞**の現在形：**状態の継続**を表す

　状態動詞（p.17）の現在形は、過去・現在・未来にかけて、その状態が続いていることを表します。例えば I **live** in Tokyo.（私は東京に**住んでいます**。）は、現在を含む一定期間東京に住んでいるということです。**❶** の **is** は「心は力強いものである」という状態が、一定期間継続していることを表しています。

❸**ことわざ**や**不変の真理**

　**❷** のようなことわざは、現在形で表されます。また、不変の真理と呼ばれる、過去・現在・未来のどの時点でも変わらないと考えられる事柄も現在形で表します。
不変の真理の例）

The sun **rises** in the east and **sets** in the west.（太陽は東から**昇り**西に**沈む**。）

**❸** A dream doesn't become a reality through magic. It takes sweat, determination, and hard work.

夢は魔法によって実現するものではない。それは、汗と決意と努力を要するものである。

Colin Powell　1937-　元アメリカ国務長官

take：（動）（労力や時間）を要する　determination：（名）決意、決断

## 3人称単数の現在形

　主語が3人称単数の時、一般動詞の語尾に -(e)s がつきます。**❸** の2文目が **takes** となっているのは主語が3人称単数の it だからです。代名詞 it は前文の a dream の代わりに使われています。また、主語が3人称単数の否定文は、don't（do not）ではなく1文目のように **doesn't**（**does not**）を使うことにも注意しましょう。

**4** **I always looked ahead.**

私は常に前を向いていました。　　　　Chris Evert　1954-　元プロテニス選手

**5** **I did not think; I investigated.**

私は考えたのではない。徹底的に探究したのだ。

Wilhelm Röntgen　1845-1923　ドイツの物理学者

**6** **Once I made a decision, I never thought about it again.**

一度心に決めたら、考え直すことは決してなかった。

Michael Jordan　1963-　元プロバスケットボール選手

investigate：（動）〜を徹底的に調べる　once S + V：（接）いったん S が…すると

## 過去形の表す意味

過去形は次のような意味を表します。

**❶動作動詞**の過去形：**一度のまたは反復的な動作や出来事**を表す

**4** の **looked** は副詞 always とともに使われ、「前を向く」という動作が過去に反復して行われていたことを表しています。つまり「いつも前を向いていた」ということです。**5** の **think**、**investigated**、**6** の **made** は、過去の一度の動作を表します。例えば**5** は、過去のある時点で、「考えない」と「〜を探究する」という２つの動作が行われたということです。「; (セミコロン)」は接続詞の代わりに使われており、２つの節をつなげています。

**❷状態動詞**の過去形：**状態の継続**を表す

think は、**5** のように動作動詞として「一時的に考える」という意味で使われることもありますが、状態動詞として「継続的に考える」という意味もあります。**6** の **thought** は状態動詞で、never thought（決して考えない）という状態が続いていたことを表しています。副詞 never は通例、経験や習慣などが「これまでに一度もない」ことを表します。

> **7** Logic will get you from A to B. Imagination will take you everywhere.
>
> 論理は人を A 地点から B 地点へと導くが、想像力は君をあらゆるところへ連れて行くだろう。
>
> Albert Einstein　1879-1955　ドイツ生まれの物理学者
>
> **8** If you have no critics, you'll likely have no success.
>
> 批判してくれる人がいなければ、きっと成功もないだろう。
>
> Malcolm S. Forbes　1919-1990　『フォーブス』誌の発行人

critic：（名）批評家　likely：（副）きっと、おそらく

≡Close-up Column Albert Einstein（アルベルト・アインシュタイン）p.30

## will の表す意味

　未来時制を表すには、多くの場合、動詞に別の語句を加えます。**7**や**8**のように**「…だろう」という未来の予測**や、**「…する」という単純な未来・自然な成り行き**を表す時は、助動詞 will を使い、**〈will ＋動詞の原形〉**で表します。

　**7**の **will get** と **will take** は「～をある場所へ連れて行くだろう」という意味です。1 文目は from A to B（A から B へ）が、2 文目は everywhere（あらゆるところへ）が場所を表しています。

　**8**の主節は you'll likely **have**（you will likely have）と未来を表す表現を使っていますが、if 節は you have と現在形を使うことに注意しましょう。これは、if ...（もし…なら）と条件を表したり、when ...（…の時は）と時を表したりする副詞節では、未来のことでも現在形を使うというルールがあるためです（→接続詞 p.172）。

**9** **Nothing is going to be handed to you. You have to make things happen.**

あなたに手渡されることになっているものなど1つもない。自分で行動を起こすしかないの。

Florence Griffith Joyner　1959-1998　アメリカの陸上競技選手

**10** **If you know you are going to fail, then fail gloriously.**

失敗することになるとわかっているのなら、見事に失敗してみなさい。

Cate Blanchett　1969-　オーストラリア生まれの女優

**11** **If you double the number of experiments you do per year, you're going to double your inventiveness.**

1年に行う実験回数を2倍にすれば、あなたの創作力も2倍になる。

Jeff Bezos　1964-　Amazon の共同創業者

hand：(動)〜を手渡す　gloriously：(副)見事に、立派に　double：(動)〜を2倍にする
the number of：〜の数　per year：1年あたりの　inventiveness：(名)創作力

## be going to の表す意味

〈be going to ＋動詞の原形〉は文字通り、「to 以下の状況に向かって進んでいる」という意味合いがあり、**「…するつもりだ、…することになっている」という事前に意図した予定**を伝えるのに使います。また、**何らかの兆候・根拠があって「…になる」と考えている未来の事柄**について伝える場合にも使います。will との違いは、**話し手の意図や判断が含まれた表現であるという点**です。

**9** は「…ということになっている」と事前に予定されていることを表しています。肯定文ですが nothing（何も〜ない）が使われているため、「手渡される予定になっていない」と否定的な意味になります。**Nothing <u>will</u> be handed to you.** だと、単に「あなたには何も手渡されないだろう。」という予測を表す文になります。なお、2文目の **make things happen** は「物事が起こるようにする」、つまり「自ら行動する」という意味です（→使役動詞 p.227）。

**10** は「成り行きではなく何か根拠があって、失敗することがあらかじめわかっているのなら」という意味です。**you are going to fail**（失敗することになる）は know の目的語で、「何を」知っているかを表しています。**11** も、話し手に根拠があって、未来のことを確信しているため、be going to を使っています。

> ## ⑫ My future starts when I wake up every morning.
>
> 俺の未来は毎朝起きた時に始まる。
>
> Miles Davis　1926-1991　ジャズトランペット奏者

### 現在形で未来を表す

will と be going to 以外にも、未来を表す方法はいくつかあります。例えば、**変更の可能性がなく、確実に起こる未来の予定**は、⑫のように現在形で表します。時刻表やカレンダーなどを表す際も現在形が使われます。

例）The train leaves at 6:00.（その電車は6時に出発します。）

　　Tomorrow is Friday.（明日は金曜日です。）

## 時間以外の情報を表す　　　　♪ 023

> ## ⑬ I would teach peace rather than war, love rather than hate.
>
> 私は戦争より平和を、憎しみより愛を教えよう。
>
> Albert Einstein　1879-1955　ドイツ生まれの物理学者

rather than：〜より（むしろ）

≣Close-up Column Albert Einstein（アルベルト・アインシュタイン）p.30

時制は、必ずしも時間の情報だけを伝えるわけではありません。⑬で will ではなく過去形の **would** を使っているのは、自分の意志を控えめに伝えているためです。その他にも、Can you ...? よりも過去形で Could you ...? と依頼するほうが丁寧な表現になります。

このように助動詞や動詞を過去形で表すのには、ある共通点があります。**時制を過去にずらすことで「距離」を示す**ことができるのです。過去の出来事は**「現時点からの距離」**、意志をやわらげたり確信度を下げたりするのは**「話し手が認識している事実からの距離」**、そして丁寧な表現になるのは**「相手との距離」**を示していると考えることができます。日本語は「…でした」「…かもしれません」「…していただけますか」のように語尾を変化させますが、英語では時制で多くのことを表します。

# Jim Rohn
（ジム・ローン）

1930-2009　成功哲学分野の著述家、講演家

ジム・ローンは『ジム・ローンの億万長者製造法』（原題：**7 Strategies for WEALTH & HAPPINESS**）など、いくつもの自己啓発書を出版した成功哲学分野の著述家の1人です。成功哲学とは、ある人の成功体験を分析し、誰でも実践できるような思考・行動の法則を取り出して体系化したものです。世界中で行われた講演で、彼はユーモアを交えながらわかりやすい言葉で自らの体験を伝え、多くの人のやる気を引き出しました。その一端が次の一節からうかがえるでしょう。

## If you don't like where you are, change it. You are not a tree.

今いる場所が気に入らないのなら変えたほうが良い。あなたは木ではないのだから。

# 師に出会い、億万長者に

彼の人生は最初からうまくいっていたわけではありませんでした。大学をわずか1年で中退して働き始め、その後家庭を持ちますが、妻子を養うのに十分な給料とは言えず、借金を抱えながら暮らしていました。そんな彼に大きな転機が訪れたのは、デパートの倉庫係として働いていた25歳の時です。

現状に不満を持ちながらも、どうすれば変えられるのかがわからず悩んでいた頃、友人に誘われて、のちに師と仰ぐことになる **Earl Shoaff**（アール・ショーフ）のセミナーに参加します。そこで聞いた話が彼の人生を180度変えることになるのです。彼は、ショーフから規律を重んじ正しい理念を持つことで、誰でも自分の望む人生を送ることができることを学びます。その後ショーフのアドバイスの下、サプリメント会社でセールスの才能を発揮し、31歳で億万長者となりました。

# 「アイダホの農場の少年、ビバリーヒルズへたどり着く」

　その後、生まれ育ったアイダホ州から、高級住宅街として知られるカリフォルニア州・ビバリーヒルズへ移り住みます。それだけでも大逆転の人生と言えますが、転居後、彼は地元の団体に、彼のサクセスストーリーについて話すように頼まれます。その時のスピーチのタイトルは "Idaho Farm Boy Makes It to Beverly Hills"（「アイダホの農場の少年、ビバリーヒルズへたどり着く」）でした。成功するためには、何か特別なことをする必要があると考えがちですが、彼が大切にしていたのは基本的なことを続けていくというシンプルなことで、それが多くの人の心を捉えたのです。彼は次のように話しています。

> ## Success is doing ordinary things extraordinarily well.
>
> 成功とは、普通のことを並外れてうまくやることだ。
>
> ## Success is neither magical nor mysterious. Success is the natural consequence of consistently applying the basic fundamentals.
>
> 成功は、魔法でも神秘でもない。成功は、一貫して基本的なことに取り組んだ後に起こる当然の結果なのだ。

ordinary：（形）普通の　extraordinarily：（副）並外れて、非常に
consequence：（名）結果　consistently：（副）絶えず、一貫して　apply：（動）〜を適用する

　その後、もっと彼の話が聞きたいとスピーチの依頼が殺到。そうして彼は、講演家として全国で、のちに全世界で講演をすることになりました。さらにコカ・コーラなど一流企業のコンサルタントとしても活躍し、多くの書籍も残しています。

## 考え方を少し変えてみることで

　彼の言葉はシンプルな内容が多く、そのわかりやすさも人気の秘密でした。彼は自分の体験を元に、少し考え方を変えるだけで、人生を大きく変えることができると伝えています。彼にショーフというメンター（助言者）がいたおかげで彼の人生が大きく変わったように、彼自身がメンターとして世界中の多くの人の人生を好転させる役割を果たしています。次の言葉も、自分の考え方次第で人生が好転することに気づかせてくれます。

**You cannot change your destination overnight, but you can change your direction overnight.**

たどり着く場所を一夜で変えることはできないけれど、進む方向は一夜で変えることができる。

　進む方向が定まれば、あとは一歩一歩進んでいくだけですね。彼の言葉は 20 世紀アメリカにおいて、ビジネスの成功という大きな夢を叶える文脈で語られたものですが、その 1 つ 1 つの教えは、たとえ小さなことでも何かを成し遂げたい人や、日常を前向きに生きようとする人々に気づきを与えてくれます。

ジム・ローンの名言 → p.221

# Part 2 Chapter 1

## 完了形と進行形

　現在完了形は〈**have / has ＋過去分詞（*done*）**〉の形で、**過去から今までの動作や状態を、現在に焦点を当てて表現します**。大きく分けて次の３つの用法があり、それぞれ現在、そして未来の行動や気持ちへつながるニュアンスを持っています。

　❶ **経験**：今までに…したことがある
　❷ **継続**：今までずっと…している〔…である〕
　❸ **完了**：今…したところだ

　現在進行形は〈**am / are / is ＋現在分詞（*doing*）**〉の形で、**今起きている動作や状況を切り取る**表現です。「今…しているところだ」という進行中の動作以外にも、物事が変化している途中であること、一時的な状態であること、未来へ続く動作であることなども表します。

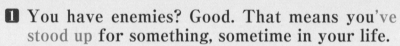

> **1** You have enemies? Good. That means you've stood up for something, sometime in your life.
>
> 敵がいるって？　良いことじゃないか。それは、人生の中で何かのために立ち上がったことがある証だ。
>
> Winston Churchill　1874-1965　第二次世界大戦中のイギリス首相

stand up for：〜のために立ち上がる〔立ち向かう〕

## Key point　現在の視点で、過去の動作や出来事を振り返る

### ● 「経験」を表す現在完了形

　現在完了形に共通するポイントは **「過去と現在とのつながり」** であり、「経験」を表す場合、過去形とは次のような違いがあります。

| 過去形 | 動作や出来事を「過去の事実」として表す |
|---|---|
| 現在完了形（経験） | 過去の動作や出来事を、「現在の経験」として表す |

　例えば I **went** to Hawaii last year. と言うと **「去年ハワイに行った。」** という事実が相手に伝わりますが、I **have been** to Hawaii before. と言うと **「ハワイに行ったことがある私」** に焦点が当たります。**過去の出来事が、「現在の私の経験」として表現される** のです。なお、「〜に行ったことがある」は have **been** to と言い、アメリカ英語では have **gone** to が使われることもあります。

　同じように **1** は、**「立ち上がった経験を持つ、今のあなた」** に焦点を当て、現在完了形の you've（= you **have**）**stood up** で表しています。今のあなたに敵がいるというのなら、そうした経験があるからこそである、という不屈の精神を持ったチャーチルらしい名言です。

### ● 回数・頻度を表す副詞

　現在完了形で「経験」を表す際は、次のような回数や頻度を表す副詞をよく一緒に使います。三度以上の回数は、〜 times と表します。

| | | | |
|---|---|---|---|
| **once** | 一度 | **twice** | 二度 |
| **three times** | 三度 | **many times** | 何度も |
| **always** | いつも | **often** | しばしば、よく |
| **rarely** | めったに…ない | **never** | 一度も…ない |
| **before**<br>（肯定文） | 今までに（…したことがある） | **ever**<br>（疑問文） | 今までに（…したことがありますか） |

**2** I have failed many times, but I have never gone into a game expecting myself to fail.

何度も失敗してきたが、自分が失敗するだろうと思って試合に出たことは一度もない。　　　　　　　　　　　Michael Jordan　1963-　元プロバスケットボール選手

**have failed** many times と **have** never **gone** ... という現在完了形で、彼が今までどのような気持ちで試合に臨んできたかを表しています。最後の expecting ... は「…と予想しながら」という意味で、述語動詞と同時に行われる動作を表します（→分詞構文 p.104）。expect myself to fail は「自分が失敗すると思う」という意味です（→ SVO ＋ to 不定詞 p.92）。

**3** I have often wanted to be more effective as a woman, but I have never felt that trousers would do the trick!

女性としてもっと活躍したいとはよく思いますが、ズボンを履けばうまくいくだろうと思ったことはありません！

Eleanor Roosevelt　1884-1962　フランクリン・ルーズベルト大統領夫人

effective：（形）効果的な　do the trick：目的を達する、うまくいく

■Close-up Column Eleanor Roosevelt（エレノア・ルーズベルト）p.72

前半の **have** often **wanted** to ... は「しばしば…したいと思ったことがある」という意味です。〈want ＋ to 不定詞〉については p.84 を参照。後半の **have** never **felt** that ... は「…だと感じたことは一度もない」という意味で、that 節が felt の目的語です。過去形 would do は、「うまくいく（do the trick）」ことに対する確信度が低いことを表しています（→ p.57）。

**4** Great spirits have always encountered violent opposition from mediocre minds.

偉大な人間は常に、凡人たちの激しい反発に遭遇してきた。

Albert Einstein　1879-1955　ドイツ生まれの物理学者

spirit：（名）精神、（〜な）人　mediocre：（形）平凡な　mind：（名）人間、心

■Close-up Column Albert Einstein（アルベルト・アインシュタイン）p.30

頻度を表す副詞 always を使い、幾度も繰り返されてきた経験を表しています。spirit は肉体や物質と対比して精神性を表すのに対し、mind は知能・思考・感情などを表し、great spirits（偉大な精神）と mediocre minds（平凡な思考）が対比されています。

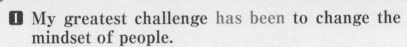

**❶ My greatest challenge has been to change the mindset of people.**
私の最大の課題は、人々の凝り固まったものの見方を変えることでした。
Muhammad Yunus 1940- グラミン銀行の創設者

## Key point 「ずっと…している」という状態の継続を表す

### ●「状態の継続」を表す現在完了形

現在完了形は、I **have lived** in New York for three years.（私はニューヨークに3年間**住んでいます**。）のように「**ずっと…している**」という継続の意味も表します。この意味では主に**状態動詞**（p.17）が使われ、**過去から現在まで継続している状態**を表します。先の例では、「過去のある時点からニューヨークに住み始め、今も住んでいる」ということです。

同じように、**❶** は be 動詞を使って **has been** としています。仮に My greatest challenge **is** ～ とすると「**今**～が課題**である**」、My greatest challenge **was** ～ とすると「**過去に**～が課題**だった**」という意味になりますが、現在完了形を使うことで「**過去から現在まで、ずっとそれが課題となっている**」という時間の幅が表現されます。

### ● 動作動詞を用いる場合

**動作動詞**を使って継続を表す場合、**完了進行形**（p.71）を使います。ただし、短時間で終わる動作ではなく、wait（待つ）、work（働く）、sleep（眠る）、rain（雨が降る）のように、一定期間その動作・状況が続くものは、状態動詞と同様に完了形で「継続」を表すこともできます。

### ● 期間の表し方

現在完了形で継続を表す際は for や since がよく一緒に使われ、次のように使い分けます。
**❶ for** ＋期間を表す名詞
I have lived in New York **for** three years.（私はニューヨークに3年**間**住んでいます。）
※日本語では「3年前**から**」と言いますが、英語では通例 <u>since three years ago</u> は避けます。
**❷ since** ＋起点を表す名詞／ **since** ＋ SV
I have known her **since** 2000.（私は 2000 年**から**彼女を知っています。）
I have known her **since** I was a child.（私は子どもの頃**から**彼女を知っています。）

## 2 It's been a long way, but we're here.

長い道のりだった。しかし、我々はここまで来た。

Alan Shepard 1923-1998 アメリカ初の宇宙飛行士

アメリカ人として初めて宇宙飛行に成功し、その後月面着陸を果たしたアラン・シェパードの名言です。その偉業を達成するまでの道のりについて、現在完了形を使って It's been (= It has been) と表しており、現在の状況については現在形で we're と表しています。long は物理的な距離と時間の長さの両方を表します。また、here（ここに）も同様に、物理的な場所だけでなく、「この時点」という意味もあります。

## 3 I have done battle every single day of my life.

私の人生で戦わなかった日など1日たりともありません。
（直訳：私は、人生の来る日も来る日も戦ってきました。）

Margaret Thatcher 1925-2013 イギリス初の女性首相

battle：（名）（長く続く）論争、戦い every single day：1日も欠かさず

do には一度きりの動作を表す動作動詞の用法もありますが、「～に従事する」などの意味で状態動詞としても使われます。相手に職業を尋ねる時に What do you do?（お仕事は何をされていますか。）と言いますが、この do も状態動詞です。ここでは have done battle で「ずっと戦いに従事してきた〔何かと対立してきた〕」という継続的な状態を表しています。

## 4 I've learned that I still have a lot to learn.

私は、私にはまだ学ぶことがたくさんあるのだということを学んできました。

Maya Angelou 1928-2014 詩人、作家、公民権運動家

learn は動作動詞ですが、「ある程度の時間をかけて学ぶ（…ができるようになる）」という意味で、一定期間続く動作を表します。そのため、I've learned で「これまでにずっと学んできた」という継続を表します。that 以下が learn の目的語です。a lot は「たくさんのこと」を表す名詞で、直後の to learn が「学ぶべき」という形容詞の役割をして、どんなことがたくさんあるのかを説明しています（→形容詞の役割をする to 不定詞 p.86）。

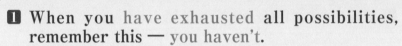

**❶ When you have exhausted all possibilities, remember this — you haven't.**

すべての可能性を試し尽くしたと思ったら、これを思い出すんだ — まだ試していないことが、必ずある。 Thomas Edison 1847-1931 アメリカの発明家

exhaust：(動) 〜を使い尽くす

## Key point 「現時点で…し終わった」ことが、今後につながる

### ● 「動作の完了」を表す現在完了形

現在完了形は**「(現在までに) …した」**という「動作の完了」を表し、そのことが現在の状況に何らかの影響を与えていることを示します。この意味では通例**動作動詞**を使います。

**❶**の前半の節の **have exhausted** 〜 は、「〜を試し尽くした」という過去の出来事を示すのではなく、**「今、試し尽くしたところである」という現在の状況**を表しています。何が違うかと言うと、後者は「だからこれから…しよう」といった、**今後の行動につながるニュアンス**が含まれています。**❶**の後半の節では、**you haven't** の後に exhausted all possibilities が省略されており、**「まだすべて試し尽くしてはいない。だから…しなさい」**のように、そのことがまだ終わっていないことを暗示しています。

### ● 現在完了形と過去形

さらに理解を深めるため、次の２つの文を比べてみましょう。

A: **Have** you **done** the task? Can you help me with this report? 【現在完了形】

（あなたはその仕事をやりましたか。この報告書を手伝ってくれませんか。）

B: **Did** you **do** the task? What tool did you use? 【過去形】

（あなたはその仕事をやりましたか。どんなツールを使いましたか。）

上で説明した現在完了形の性質から、A のように**「終わっているのなら〔終わっていないのなら〕…」**といった会話を続ける場合、現在完了形を使うのが自然です。一方、B のように過去形を使うと、「やったかやらなかったか」という過去の事実に焦点が当たります。また、**Did you do** the task **yesterday**? のように、**過去の時点を表す副詞を使って、「いつ…した（か）」を表す場合は過去形を使い、現在完了形は使いません。**

**2** I am not concerned that you have fallen — I am concerned that you arise.

あなたが転んだことはどうでもいい — 私はあなたが立ち上がることに関心があるのだ。　　　　　Abraham Lincoln　1809-1865　第 16 代アメリカ合衆国大統領

concerned：（形）心配して、懸念して

be concerned that ... は「that 以下であることを気に掛ける」という意味です。現在完了形で示された you have fallen（あなたが転んだ）という状況は現在も続いており、「その状況から、あなたが立ち上がるかどうか」に焦点が当たっています。

**3** Good people are good because they've come to wisdom through failure.

優れた人間が優れているのは、失敗を通して叡智にたどり着いたからである。　　　　　William Saroyan　1908-1981　アメリカの小説家、劇作家

come to：〜に達する　　through：（前）〜を経験して、切り抜けて

「過去に起きた失敗の結果、叡智にたどり着いた」という現在の状況を、現在完了形で they've come to wisdom と表しています。「過去の失敗が現在に影響を与えている」ということに焦点を当てて、優れた人々が優れている所以を述べています。

**4** I have not failed. I've just found 10,000 ways that won't work.

私は失敗したことはない。ただ 1 万通りのうまくいかない方法を見つけただけだ。　　　　　Thomas Edison　1847-1931　アメリカの発明家

work：（動）うまくいく、役に立つ

1 文目の have not failed は「これまでに失敗したことがない」という経験を、2 文目の I've just found 〜 は「〜を見つけた」という動作の完了を表しています。I did not fail. I just found ... と過去形で表すよりも、自分はそうした経験や行為を積み重ねて現在に至るのだ、というニュアンスが生まれます。最後の ways that won't work は、that won't work（うまくいかない）が ways を修飾しています（→関係代名詞 p.188）。

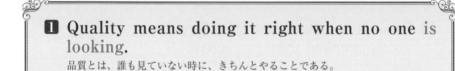

**❶ Quality means doing it right when no one is looking.**

品質とは、誰も見ていない時に、きちんとやることである。

Henry Ford　1863-1947　フォード・モーター創業者

right：（副）適切に、間違いなく

## Key point　一時的な場面を切り取った映像のイメージ

### ● 現在進行形の表す意味

　現在進行形は、〈be 動詞＋現在分詞（*doing*）〉で「一時的な場面」を映し出す表現です。進行形で表される動作はどこかの時点で始まってどこかの時点で終わるのですが、開始と終了の時点は意識されず、その中の「今の時点」を切り取ります。

　代表的な意味として、He **is looking** at the signboard.（彼はその看板**を見ている**。）のような「**進行中の動作**」があります。彼が看板をいつからいつまで見ているかはわかりませんが、「今看板を見ている」という一場面を表すのです。それにより、聞き手はその場面の映像を観ているように、ありありと状況を思い描くことができます。

### ● 進行形で使われる動詞

　進行形で使われるのは、主に動作動詞（p.17）です。**look** のように短時間で済む動作動詞を進行形にすることで、**その動作が一定時間行われているという時間の幅**を持たせることができます。それに対し、be 動詞や know のような状態動詞は、それ自体がある一定期間継続している状態を表し、通例進行形にしないことに注意しましょう。

　**❶** は Quality (S) means (V) doing … (O) で、「品質とは…することを意味する」という文です。when no one **is looking** は「誰も見ていない状況が起きている時」を表し、その間にきちんとやること（doing it right）こそが品質であるとしています。

## ● 進行形のさまざまな意味

進行中の動作をはじめ、進行形のさまざまな意味を確認しましょう。

### ❶ 進行中の動作：今…している（→ **1**）

### ❷ 状態の変化：…している途中だ、…しかけている（→次のページの **3**）
例）The situation **is getting** worse.（事態は悪化している。）

### ❸ 反復的な動作：いつも…（ばかり）している
例）Some people **are** always **complaining** about everything.
（一部の人々は、あらゆる物事に文句を言ってばかりいる。）

### ❹ 一時的な状態：今は（いつもと違って）…だ
状態動詞は通例進行形にしませんが、例外があります。一部の状態動詞は、進行形にすることで今だけの一時的な状態であることを表すことがあります。
例1）He **is** mean.（彼は意地悪な人です。）
He **is being** mean.（彼は意地悪をしています。）
例2）I'**m having** some trouble, so can I call back later?
（今トラブルを抱えているので、後で電話をかけ直しても良いですか。）

### ❺ 同時に起きている動作：…している時、〜している
主節と従属節の両方に現在進行形がある場合、2つの動作や出来事が同時に起きていることを表します。また、「…しているということは、（つまり）〜しているということだ」と、2つの動作が同じ意味を持っていることを表すこともあります。（→次のページの **4**）

### ❻ 確定的な未来：…します
未来の予定を表す表現には be going to や will もありますが、現在進行形を使うと「現時点でそれに向けた準備が始まっている」というニュアンスが生まれます。そのため、より確定的な未来を表します。
例）I'**m going to leave** for New York tomorrow.（明日ニューヨークへ出発する予定です。）
I'**m leaving** for New York tomorrow.（明日ニューヨークへ出発します。）

## ❷ You'll never find a rainbow if you're looking down.

下ばかり向いていたら、虹を見つけることは決してできない。

Charles Chaplin　1889-1977　イギリス生まれの喜劇役者、映画監督

　現在形で if you **look down**（もし**下を向いたら**）と表すことも可能ですが、その場合「下を向く」という１回の動作を表します。現在進行形により、「誰かがうつむいている」という状況が一定期間続いていることを表現でき、その情景を思い描きやすい表現になっています。

## ❸ You are either getting better or getting worse, but you are never staying the same.

良くなっているか悪くなっているかのどちらかで、決して同じままなんてことはないのさ。

Drew Brees　1979-　アメリカンフットボール選手

either A or B：A か B のどちらか（→ p.179）

　現在進行形の **are getting** better と（**are**）**getting** worse は、「良くなっている、成長している」、「悪くなっている、後退している」という**状態の変化**を表しています。また、それと同時に **are** never **staying** the same（同じ状態にとどまっていることはない）という状況が起きていることを、こちらも現在進行形で表しています。なお、same は「（～と）同じ」という意味の時、通例定冠詞 the がつきます。

## ❹ If you're not failing every now and again, it's a sign you're not doing anything very innovative.

もし時々失敗することもないというのであれば、それはあなたが、あまり革新的なことをしていない証拠だ。

Woody Allen　1935-　アメリカの映画監督、俳優

every now and again：時々　innovative：（形）革新的な

　❹は従属節（If you're not **failing** ...）と主節（it's a sign you're not **doing** ...）の両方に進行形を用いています。これは、「失敗していない」＝「革新的なことをしていない」ということを表し、**２つの事柄が同じ意味を持っている**ことを表しています。you're not **doing** anything very innovative（あまり革新的なことをしていない）は、a sign を後ろから説明しています。sign の直後にあるはずの同格の that（p.166）が、例外的に省略されていると考えることができます。

# （参考）その他の完了形と進行形

## ● 過去・未来を表す完了形と進行形

完了形と進行形は、それぞれ過去・未来を表す表現もあります。

### ❶ 過去完了形：had ＋過去分詞（*done*）

現在完了形は現在に焦点を当てていることが明確ですが、過去完了形は「過去のある時点」を示して、「それまで（に）…したことがある／していた／した」などの意味を表します。

例）He **has** already **left**.（彼は現時点でもう出発しました。）

He **had** already **left** <u>when I came home</u>.

（<u>私が帰宅した時</u>、彼はもう出発していました。）

過去完了形には「大過去」と呼ばれる使い方もあり、過去の２つの出来事について、後に起こった出来事を過去形で、先に起こった出来事を過去完了形で表します。

例）I **ate** a delicious dinner (which) my grandmother **had cooked** for me.

（私は、祖母が私のために作ってくれたおいしい夕飯を食べました。）

→夕食を「作った」のは「食べた」よりも時間的に前なので、**ate**（過去形）に対して **had cooked**（過去完了形）が使われています。

### ❷ 未来完了形：will have ＋過去分詞（*done*）

多くの場合〈by ＋日時〉や〈by the time ＋ S ＋ V...〉などの表現とともに使われ、「未来のある時点までに…している」などの意味を表します。

### ❸ 過去進行形：was / were ＋現在分詞（*doing*）
### ❹ 未来進行形：will be ＋現在分詞（*doing*）

過去進行形は、「過去のある時点に進行中だった動作」などを、未来進行形は「未来のある時点に進行中であろう動作」などを表します。多くの場合、過去や未来のある時点を示す表現とともに使われます。また、未来進行形は **I will be seeing** him tomorrow.（明日彼に**会うことになっています**。）のように、話し手の意志とは関係なく確定している予定を表すこともあります。

## ● 完了進行形

完了形と進行形を掛け合わせた**完了進行形〈have / has been ＋現在分詞（*doing*）〉**もあります。現在完了形の継続用法（p.64）は主に状態動詞を使って「**状態の継続**」を表すのに対し、現在完了進行形は動作動詞を使って「**動作の継続**」を表します。つまり、次の例のように「**継続的にその動作が繰り返されている**」ことを表します。

例）**I've been trying** to call her since this morning, but I haven't heard from her.

（今朝から彼女に電話をかけ続けているけど、まだ彼女から連絡がないんだ。）

# Eleanor Roosevelt
（エレノア・ルーズベルト）

1884-1962　フランクリン・ルーズベルト大統領夫人

## ファースト・レディーの枠を越えて

　エレノア・ルーズベルトは、1905 年にフランクリン・ルーズベルトと結婚。1932 年に彼がアメリカ大統領選に勝利したことで、ファースト・レディーとなります。彼女は足が不自由であった夫に代わって各地を訪問し、政策に関しても積極的に進言しました。さらに定例の記者会見を行ったり、新聞各紙へ掲載されるコラムを連載したりと、従来のファースト・レディーの枠にとどまらず活躍しました。

　さらに、社会的に弱い立場にある人々の人権保障にも尽力し、戦後、国連人権委員会の初代委員長として「世界人権宣言」の起草を主導しました。人種や民族による迫害や抑圧が横行した大戦を省み、すべての人に基本的人権があり、尊重されなければならないのだということを各国が初めて言明したこの宣言は、世界が人権保障の道へ歩み始める第一歩となりました。

## コラムニストとしての顔

　こうした政治や人権問題における功績がよく知られているエレノアですが、実は雑誌の人生相談コラムを通して、国民に親しまれていました。彼女が Ladies Home Journal 誌で連載していた "If You Ask Me" というコラムには、人種や宗教に関すること、恋愛や結婚の悩み、仕事と家事の両立、健康問題など、人々からさまざまな相談が寄せられました。「1日中オフィスで働くのと、家族のために家事をするのは、どちらが大変だと思いますか」「異なる人種同士の相互理解を促進するのに、普通の人には何ができるでしょうか」など、70年以上前のアメリカの人々が、現在の私たちと同じような悩みを抱えていたことも読み取れます。

　そんな中、ある日こんな質問が届きます。

**Have you ever said to yourself, "If only I were a man"? Or are you quite content with being a woman?**
（心の中で「男性だったらなあ」と思ったことはありますか？　それとも女性であることに

完全に満足していますか？）

彼女はこれに次のように答えました。

**No, I have never wanted to be a man. I have often wanted to be more effective as a woman, but I have never felt that trousers would do the trick!**

いいえ、私は男性になりたいと思ったことは一度もありません。女性としてもっと活躍したいとはよく思いますが、ズボンを履けばうまくいくと思ったことはありません！（→ p.63）

女性であること、そして自分自身の生き方に誇りを持っていた、彼女らしい名言です。また、彼女は次の言葉も残しています。

**Do what you feel in your heart to be right — for you'll be criticized anyway.**

自分が心から正しいと感じることをしなさい。何をしたって他人は文句を言うのですから。

in *one's* heart：心から　anyway：（副）いずれにせよ

何か新しいこと、これまでとは違うことをしようとする時、周りの目が気になってしまうことがあります。しかし、自分の生き方を決めるのも、その責任を負うのも、自分以外の誰でもありません。周囲の声に囚われて、心からしたいことを諦めてしまわないようにというアドバイスは、自ら道を切り開いてきた彼女の言葉だからこそ、胸に響くものがあります。

エレノア・ルーズベルトの名言 → p.63, 91

お気に入りの名言を書き込みましょう

# Part 2 Chapter 2

## 動名詞

　動名詞は**〈動詞の原形＋ -ing〉**の形をとり、「…**する**」という動詞を「…**すること**」という名詞に変化させたものです。通常の名詞と同じように、文の中で主語、補語、目的語の役割をします。また、動詞の性質もあわせ持っているため、後ろに目的語、補語、修飾語を伴うこともあります。

　Chapter 3 で扱う **to 不定詞の名詞的用法**も、動詞を名詞に変化させる表現です。両者には共通している点も多いのですが、異なる点もあるので、違いを押さえておきましょう。

　なお、**現在分詞**も〈動詞の原形＋ -ing〉の形をとりますが、分詞は動詞を形容詞に変化させたもので、**形は同じでも役割が違います**。分詞については Chapter 4 で扱います。

> **❶ Life is like** riding **a bicycle. To keep your balance you must keep** moving.
>
> 人生とは自転車に乗っているようなものだ。バランスを保つには走り続けねばならない。
>
> Albert Einstein　1879-1955　ドイツ生まれの物理学者

≡ Close-up Column Albert Einstein（アルベルト・アインシュタイン）p.30

## Key point　動名詞 ＝ 動詞を名詞に変化させたもの

### ● 動名詞の意味

動名詞は〈**動詞の原形＋ -ing**〉の形で、「**…すること**」を意味します。

例）動詞 ride：乗る　→　動名詞 riding：**乗ること**

　　動詞 move：動く　→　動名詞 moving：**動くこと**

### ● 動名詞の役割

英語のルールとして、**目的語（p.32）には名詞の役割をする語句が入ります**。例えば like a dream（夢のような）のように、前置詞 like の目的語には必ず名詞が来ます。そのため、like の後に **ride a bicycle（自転車に乗る）をそのまま入れることはできません**。そこで ❶ では、ride が riding（乗ること）となっています。同様に、動詞 keep の目的語にも move をそのまま入れることはできず、moving が使われます。

このように、**動名詞は、文の中で名詞が入るべき箇所に動詞を入れる際に使われます**。したがって、目的語以外に**主語や補語としても使われます**。

### ● to 不定詞の名詞的用法との違い

❶ の keep は動名詞を目的語にとっていますが、目的語に動名詞をとるか、to 不定詞の名詞的用法をとるかは、動詞によって異なります（→ p.84）。また、前置詞は目的語に動名詞を伴うことはできますが、to 不定詞を伴うことはできません。

○ like riding a bicycle　　× *like to ride a bicycle*

なお、動名詞を続けることができない前置詞もあります。動名詞は during や until のように後ろに「いつ」という情報を続ける前置詞の目的語にはなりません。

× *during staying in Tokyo*　○ during my stay in Tokyo（名詞を続ける）

× *until finishing my report*　○ until I finish my report（接続詞の until の後に文を続ける）

**2** **Love is doing small things with great love.**

愛とは、大きな愛情を持って小さなことをすることです。

Mother Teresa　1910-1997　カトリック教会の修道女

　第2文型（SVC）の文で、**doing** 以下が文の補語となっています。**doing** small things（小さなことをすること）が、with great love（大きな愛情を持って）に後ろから修飾されています。このように、**動名詞は後ろに目的語や修飾語句を続けて、ひとかたまりの動名詞句を作ります**。なお、ここでは small の対義語として、big や large ではなく、偉大さや立派さを表す great が使われています。

**3** **You can stand tall without standing on someone. You can be a victor without having victims.**

誰かの上に乗らずに堂々と立つことができます。犠牲者を出さずに勝者になれるのです。

Harriett Woods　1927-2007　アメリカの女性政治家

tall：（副）堂々と、毅然として　victor：（名）勝者　victim：（名）犠牲者

　You can stand tall（堂々と立つことができる）と You can be a victor（勝者になれる）という文の後ろに、〈**without**＋動名詞句〉がそれぞれ続いています。**without** は「～なしで」という意味の前置詞で、動名詞を目的語にとると「…しないで、…せずに」という意味を表します。自らの正しさや強さを示すのに、他人を打ち負かす必要はないのだと訴える名言です。

**4** **Your most unhappy customers are your greatest source of learning.**

一番不満を抱えている顧客こそ、あなたにとって最大の学びの源である。

Bill Gates　1955-　マイクロソフトの共同創業者

　**learning** は「学ぶこと」、つまり「学習」という意味です。動名詞の中でも頻繁に使われるものは、名詞として辞書に載っています。他にも teaching（教えること、教授）、opening（開くこと、開店、開始）、spelling（つづり、スペル）など多くの語があります。

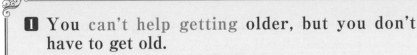

**❶ You can't help getting older, but you don't have to get old.**
年を取るのは仕方ないが、年寄りになる必要はない。

George Burns　1896-1996　アメリカの俳優、コメディアン

## Key point　よく使われる慣用表現を覚えよう

　動名詞は、さまざまな慣用表現の中で使われています。例えば、**❶**の **can't / cannot help** *doing* は「…せざるを得ない」という意味の表現です。同じ意味で **can't / cannot help but** *do* もよく使われます。**❶**では get old が「年齢を重ねる」という意味と「老ける」という意味の両方で使われ、**can't help getting** older（年を取るのは避けられない）と don't have to get old（老け込む必要はない）が対比されています。

　他にも代表的な表現の意味を覚えておくと、英文をスムーズに読みこなすことができます。

・**be worth** *doing*：…する価値がある　→**❷**へ
・**be busy** *doing*：…するのに忙しい　→**❸**へ
・**feel like** *doing*：…したい気分だ
　例）I feel like eating out today.
　　　（今日は外食がしたいなあ。）
・**look forward to** *doing*：…するのを楽しみにする
　例）We are looking forward to seeing you.
　　　（あなたに会うのを楽しみにしています。）
・**be used to** *doing*：…するのに慣れている
　例）Tom is used to using chopsticks.
　　　（トムは箸を使うのに慣れています。）
　　※ look foward to と be used to の to は前置詞なので、〈to ＋動名詞〉となることに注意。
・**There is no** *doing*.：…することはできない。
　例）There is no accounting for tastes.
　　　（人の好みは説明できない。〔蓼食う虫も好き好き。〕）

　なお、「…されたこと」という動名詞の受動態は〈being ＋過去分詞（*done*）〉で表します。また、動名詞の完了形は〈having ＋過去分詞（*done*）〉で、述語動詞が表す時よりも前の出来事を表すのに使います。

## 2 Believe that life is worth living and your belief will help create the fact.

人生は生きる価値があると信じなさい。あなたのその考えが、その事実を生み出すだろう。

William James　1842-1910　アメリカの哲学者、心理学者

文全体が〈命令文＋ and ...〉という構造になっており、「～しなさい。そうすれば…」という意味を表します。that life is worth living（人生は生きる価値があるということ）が believe の目的語で、「何を」信じるかを表しています。and の後ろの節は、will help が述語動詞で、〈help ＋動詞の原形〉は「…することを助ける」という意味を表します（→ p.228）。「その考えが、その事実を生み出すのを助ける」、つまり「人生は生きる価値があると信じることが、実際に、人生を価値あるものにする」ということです。

## 3 Life is what happens to you while you're busy making other plans.

人生は、人生以外のことをあれこれ夢中で考えているうちに過ぎていくものなんだ。

John Lennon　1940-1980　ロックバンド The Beatles のリーダー

Life is what ... という第２文型（SVC）の文で、what 以降がひとまとまりで補語の役割をしています。what は関係代名詞で、〈what ＋（S）＋ V〉は「…すること」を表すので、what happens to you は「あなたに起こること」という意味です（→ p.194）。while 以下は「…する間に」という副詞節を成し、その中に you're busy making ... が使われています。全体としては、「（人生のことを考えている間ではなく、）他の予定を考えるのに忙しくしている間に起こること、それが人生だ」という意味です。

# Nelson Mandela
（ネルソン・マンデラ）

1918-2013　黒人初の南アフリカ大統領

　ネルソン・マンデラは、南アフリカのトランスカイ（現・東ケープ州）で生まれました。首長の家系に生まれた彼は大学で法律を学び、仲間とともに南アフリカで初となる黒人による法律事務所を開業します。この頃まではエリートとして生きてきた彼ですが、その後の人生のほとんどを南アフリカ共和国の人種隔離政策（アパルトヘイト）の撤廃に捧げました。

　南アフリカでは、入植してきた少数の白人による人種差別制度が徐々に浸透していきましたが、1948 年に政権を握った国民党によって、より徹底した隔離政策が取り入れられました。国民を 4 つの人種に分け、有色人種の参政権は認められず、居住地域が分けられるなど、政治、経済、文化といったあらゆる分野において白人優位の政策がとられました。

## 27 年間の獄中生活で貫いた信念

　マンデラは、当時反アパルトヘイトの中心であった政党・アフリカ民族会議（African National Congress: ANC）に参加し、アパルトヘイトへの抵抗運動に身を投じます。のちに和解を実現し、ノーベル平和賞を受賞することになる彼ですが、一度は非暴力を諦め、武力による闘争を試みています。民衆にも銃を向けるようになった政府に対し、自分たちも暴力で抵抗しなければならないと考えるようになったのです。

　しかし弾圧は激しくなる一方であり、彼は 1962 年に逮捕され、5 年の刑を受けます。さらに国家反逆罪などで終身刑を追加され、27 年もの間獄中生活を送ることになります。そのうち 18 年間を過ごしたロベン島での生活は過酷を極めましたが、のちに南アフリカの指導者となる囚人仲間と励まし合い、希望を持ち続けることを誓い合いました。この島は、「人間の精神の勝利」の象徴としてユネスコの世界遺産に登録されています。彼の次の言葉から、強い心で信念を貫き通した熱い思いが伝わってきます。

**The greatest glory in living lies not in never falling, but in rising every time we fall.**
生きる上で最も偉大な栄誉は、決して転ばないことにあるのではない。転ぶたびに立ち上がることにあるのだ。（→ p.170）

# 「虹の国」を目指して

　多くの苦難に耐えながらも信念を曲げないマンデラは、南アフリカの闘いのシンボルとなり、南アフリカだけでなく世界中の人々が彼の釈放を求めるようになっていきます。そしてついに国民党政府はアパルトヘイトの撤廃を決断。1990年、長い闘いの末に彼は釈放されました。当初黒人たちは復讐心に燃え、白人たちはそれを怖れていましたが、彼は平和的な和解の道を探り、さまざまな組織の指導者たちと話し合いを重ねます。

　そして彼はすべての政治勢力からの信頼を得て、南アフリカで初めてとなる全人種が参加した選挙によって、1994年に大統領に就任しました。就任演説で彼は南アフリカを「虹の国」にたとえました。雨上がりの青空にかかる虹のように、人種の違う人々が違いを認め合いながら、力を合わせて平和な国にしていきたいという決意が込められています。彼の次の言葉は、許すことの意義を教えてくれます。

## Courageous people do not fear forgiving, for the sake of peace.
勇気ある人は平和のために許すことを恐れない。

for the sake of：〜のために、〜の利益を考えて

　寛大さと勇気を持ちあわせているからこそ、自らに過酷な人生を強いてきた人を許し、偉業を成し遂げることができたのでしょう。彼はこうも言っています。

## I never lose. I either win or learn.
私は決して負けない。勝つか、学ぶかのどちらかだ。

## It always seems impossible until it's done.
何事も成し遂げるまでは不可能に思えるものだ。（→ p.155）

　マンデラの生き様は、解決の道筋が見えないさまざまな問題と格闘する人々に、立ち向かう勇気を与えてくれます。

ネルソン・マンデラの名言 → p.39, 155, 170

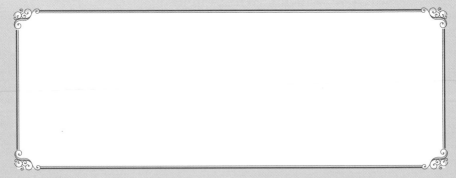

お気に入りの名言を書き込みましょう

# Part 2 Chapter 3

## 不定詞

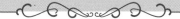

　不定詞には「to 不定詞」と、頭に to がつかない「原形不定詞」がありま
す。ここでは〈to ＋動詞の原形〉の形をとる **to 不定詞**について学習します。
to 不定詞は、動詞の性質を持ちながら、**別の品詞の役割をします**。to が「述
語動詞ではありません」という目印になっていると考えるとわかりやすいで
しょう。to 不定詞の文の中での役割は、大きく分けて次の３つです。

　❶ **名詞**の役割（名詞的用法）
　❷ **形容詞**の役割（形容詞的用法）
　❸ **副詞**の役割（副詞的用法）

　また、to 不定詞は動詞の性質を持っているため、その主語や目的語に当
たるものがあります。それを文の主語や目的語と区別して、to 不定詞の「**意
味上の**主語」「**意味上の**目的語」と呼びます。

　なお、to 不定詞の完了形は〈to have ＋過去分詞（*done*）〉、進行形は
〈to be ＋現在分詞（*doing*）〉で表します。

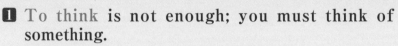

**❶ To think is not enough; you must think of something.**

考えるだけでは不十分だ。意義のあることを考えなければ。

Jules Renard　1864-1910　フランスの小説家、劇作家

something：（この文では）（名）重要なこと、良いこと

## Key point　動名詞との共通点と違いを確認

### ● 動名詞との共通点

　名詞の役割をする to 不定詞は、動名詞と同様に**「…すること」**という意味を表し、文の中で主語・目的語・補語として使われます。例えば**❶**では、**To think**（考えること）が文の主語になっています。この用法は **to 不定詞の名詞的用法**と呼ばれます。

### ● 動名詞との違い

　**動名詞は現在・過去の意味を、to 不定詞は未来の意味**を含んでいるため、次のような違いがあります。

❶ 動詞の目的語になる場合、述語動詞によってどちらを使うかが決まる。

| **動名詞**を目的語にとる動詞 | keep、enjoy、finish、stop、consider など<br>※「今していること」を「続ける、やめる」などの意味を表す動詞が多い。 |
|---|---|
| **to 不定詞**を目的語にとる動詞 | want、hope、expect、decide、mean など<br>※「これからすること」を「望む」などの意味を表す動詞が多い。 |
| どちらでも良い動詞 | like、start、begin、continue など |

　　例）歩き続ける　　○ keep walking　　× *keep to walk*

　　　　歩きたい　　　○ want to walk　　× *want walking*

　　　　歩き始める　　○ start to walk　　○ start walking

❷ どちらを目的語にとるかによって、意味が異なる動詞がある。

　　例）remember ＋動名詞（…した覚えがある）＝動名詞が「**過去にした**こと」を表す

　　　　remember ＋ to 不定詞（忘れずに…する）＝ to 不定詞が「**これからする**こと」を表す

**2** It is not enough to be busy; so are the ants. The question is: What are we busy about?

忙しいというだけでは不十分だ、アリだって忙しいのだから。問題は、何をしていて忙しいかということだ。

Henry David Thoreau　1817-1862　思想家、ナチュラリスト

**1**のように **To be** busy is not enough. ともできますが、**to 不定詞に続く語句が長い場合**、よく〈**it is ～ ＋ to 不定詞**〉が使われます。仮の主語として it を置き、本来の主語 to be busy を後ろに持ってくる構文です（→形式主語 p.154）。文頭の主語が長すぎると伝わりにくいため、すっきりとした文にするために使われます。なお、〈so ＋ V ＋ S〉は「S も同じく…だ」という意味で、1 文目の so are the ants は「アリも忙しい」ことを表しています。

**3** The best preparation for good work tomorrow is to do good work today.

明日良い仕事をするための最善の準備は、今日良い仕事をすることだ。

Elbert Hubbard　1856-1915　アメリカの思想家、作家

この文は第2文型（SVC）で、主語は The best preparation ... tomorrow、補語は **to do** good work today です。**to do** が目的語と修飾語を伴って、ひとかたまりの名詞句を作っています。good work tomorrow と good work today の対比が印象的な名言です。

**4** Try not to become a man of success, but rather a man of value.

成功者になろうとせず、価値ある人間になろうとしなさい。

Albert Einstein　1879-1955　ドイツ生まれの物理学者

not A but rather B：A ではなく、むしろ B

**≡ Close-up Column** Albert Einstein（アルベルト・アインシュタイン）p. 30

**not to become** ～（～にならないこと）が try の目的語になり、「～になろうとするな」という意味を表しています。**to 不定詞を否定するには前に not をつけます**。ただし、to 不定詞が「…しないために」という否定の目的を表す時は、多くの場合 so as not to や in order not to を用います（→ p.89）。なお、〈of ＋名詞〉は「～の性質を持った」という意味で、of success と of value はそれぞれ a man を修飾する形容詞のような役割をしています。

> **❶ There's always an opportunity** to make **a difference.**
>
> 世の中を変える機会は常にある。
>
> Michael Dell 1965- デルの創業者

make a difference：違いを生む、変化をもたらす、影響を与える

## Key point 修飾する名詞との関係を確認

　形容詞の役割をする to 不定詞は、直前の（代）名詞を修飾し、「**…する（ための）**」または「**…すべき**」という意味を表します。この用法は **to 不定詞の形容詞的用法**と呼ばれます。次の3つの使い方を押さえましょう。

### ● パターン① to 不定詞が、名詞の内容を説明する

例）an opportunity **to make a difference**（世の中を変える機会）
  → an opportunity がどんな機会なのか、to 不定詞がその内容を説明しています。この関係は**同格**と呼ばれ、time to go to bed（寝る時間）や ability to learn（学習能力）のように使われます。ただし、修飾される名詞は以下のようなものに限られます。

time（時間）、ability（能力）、chance（機会）、decision（決定）、failure（失敗）、honor（光栄）、opportunity（機会）、plan（計画）、promise（約束）、way（方法）など

### ● パターン② 名詞が、to 不定詞の意味上の主語になる

例）someone **to help us**（私たちを助けてくれる人）
  → someone helps us（誰か**が**私たちを助ける）という関係で、someone が **to help** の意味上の主語です。このパターンは特に、「…をする人〔もの〕」という役割を示すのによく使われます。

### ● パターン③ 名詞が、to 不定詞・前置詞の意味上の目的語になる

例1）things **to do**（すべきこと）
  → do things（物事**を**する）という関係で、things が **to do** の意味上の目的語です。
例2）something **to talk about**（話すこと、話すべきこと）
  → talk about something（何か**について**話す）のように、something が前置詞 about の意味上の目的語です。talk は自動詞（p.16）なので、目的語をとるには前置詞が必要です。

**2** A problem is a chance for you to do your best.

困難は、あなたがベストを尽くすチャンスである。

Duke Ellington　1899-1974　ジャズ作曲家、ピアニスト

**to do** your best が chance の内容を説明しています（**パターン①**）。for you は to 不定詞の意味上の主語を表し、「**あなたが**最善を尽くす」という意味を成しています。なお、chance には「チャンス、機会」の他に「見込み、可能性」という意味もありますが、その場合は後ろには to 不定詞ではなく、chance of succeeding、chance that we will succeed（成功する可能性）のように、〈of ＋動名詞〉や that 節を伴います。

**3**

不定詞

**3** Forgiveness is the only way to reverse the irreversible flow of history.

許すことは、不可逆な歴史の流れを巻き戻す唯一の方法です。

Hannah Arendt　1906-1975　ユダヤ人政治哲学者

≡ Close-up Column Hannah Arendt（ハンナ・アーレント）p. 148

**to reverse** the irreversible flow of history が way の内容を説明しています（**パターン①**）。reverse（逆にする、ひっくり返す）とその派生語の irreversible（元に戻せない、不可逆な）を同時に使っているのが印象的ですね。なお、この文のように「…する方法」という意味の way to の後には動詞の原形が続きますが、「〜への道」という意味の way to の後には名詞が続きます。同じ to でも前者は to 不定詞の一部、後者は前置詞の to で、役割が違うためです。

**4** You cannot wait for someone to save you, to help you, to complete you. No one can complete you. You complete yourself.

あなたを守ってくれる、助けてくれる、完成させてくれる人を待っていてはいけないわ。誰もあなたを完成させてはくれない。自分で完成させるの。

Oprah Winfrey　1954-　アメリカの司会者、女優、慈善家

≡ Close-up Column Oprah Winfrey（オプラ・ウィンフリー）p. 50

someone が、**to save** you、**to help** you、**to complete** you という３つの to 不定詞の意味上の主語の働きをしています（**パターン②**）。someone saves you（誰か**が**あなたを守る）

という関係です。それぞれの動詞の後ろに目的語 you が続いているため、**パターン③**ではないことがわかります。to 不定詞を３つ並べることで、彼女のメッセージの印象がより強まっています。

---

## ⑤ When you're curious, you find lots of interesting things to do.

好奇心があれば、取り組むべき興味深いことはたくさん見つかる。

Walt Disney　1901-1966　ディズニーの創業者

---

interesting things が、**to do** の意味上の目的語の働きをしています（**パターン③**）。do interesting things（興味深いこと**を**する）という関係ですね。ちなみに、to be done（取り組まれるべき）のような受動態（p.145）も可能で、その場合は interesting things が to be done の意味上の主語の働きをします。これは、「誰がやるか」よりも、やるべきことや行為自体に焦点を当てた表現です。

---

## ⑥ Normal is not something to aspire to; it's something to get away from.

「普通」というのは、熱望するようなものではありません。むしろ避けるべきものです。

Jodie Foster　1962-　アメリカの女優、映画監督

---

aspire to：～を熱望する　get away from：～から離れる〔逃げる〕

to 不定詞の前の something がそれぞれ、前置詞 **to** と **from** の意味上の目的語の働きをしています（**パターン③**）。つまり、something to aspire to で「熱望すべきもの」、something to get away from で「避けるべきもの」という意味を表しています。なお、aspire の後に to *do*（to 不定詞の名詞的用法）を続けると、「…することを熱望する」という意味になります。

**副詞の役割をする to 不定詞** ♪ 035

---

**1** To avoid criticism, do nothing, say nothing, be nothing.

批判を避けるには、何もせず、何も言わず、何者にもならないことだ。

Elbert Hubbard 1856-1915 アメリカの思想家、作家

---

## Key point 「…するために」などの意味を持つ修飾語となる

副詞の役割をする to 不定詞は、文や動詞、形容詞、副詞などを修飾します。この用法は **to 不定詞の副詞的用法**と呼ばれます。どの意味を表しているのかは、文脈から判断します。

**3**
**不定詞**

● **パターン①　（意図した）目的：…するために**

・I went to Paris to study art. （私は芸術を学ぶためにパリへ行った。）

・We talked in whispers so as not to wake the baby.

（私たちは赤ん坊を起こさないように小声で話した。）

→ **1** の to avoid criticism は「批判を避けるためには」という目的を表しています。**so as to、in order to** を使うと目的の意味がより明確になります。また、「…しないために」と否定の意味を表すには、多くの場合 **so as not to、in order not to** を用います。

● **パターン②　結果：…となった**

・He grew up to be strong and healthy. （彼は成長し、丈夫で健康になった。）

● **パターン③　感情の原因：…して（〜だ）**

・I was surprised to hear the news. （私はその知らせを聞いて驚いた。）

● **パターン④　判断の根拠：…するとは（〜だ）**

・He must be clever to pass the examination.

（その試験に合格するとは、彼は賢いに違いない。）

● **パターン⑤　形容詞や副詞を修飾する**

・That woman is not easy to please. （その女性を喜ばせるのは容易ではない。）

・He is too young to drive. （彼は運転するには若すぎる。）

・She was kind enough to help me. （彼女は親切にも私を助けてくれた。）

→ easy の他、ready to do （…する準備ができている）、willing to do （…するのをいとわない）のように、さまざまな形容詞の後ろに to 不定詞が使われます。また、**too 〜 to do（…するには〜すぎる）** や **〜 enough to do（…するのに十分〜）** もよく使われる表現です。

**2** In order to be irreplaceable, one must always be different.

かけがえのない人間であるためには、いつも人とは違っていなければなりません。

Coco Chanel　1883-1971　フランスのファッションデザイナー

irreplaceable：（形）替えがきかない、かけがえのない

　in order to be irreplaceable は主節の目的を表しています（**パターン①**）。in order to を文尾に置くこともできますが、文頭に置くと目的が強調されます。**1** は to の後ろに一般動詞を続けていますが、**2** のように（in order）to be に名詞・形容詞を続けて「…となるために」となることもあります。なお、主語の one は「人」を表すかたい表現で、会話では we、you、people などを用います。

**3** I'm happy to be alive, I'm happy to be who I am.

僕は生きてることが幸せさ。僕が僕らしくいられることが幸せなんだ。

Michael Jackson　1958-2009　「キング・オブ・ポップ」と称された歌手

　to be alive と to be who I am が、happy という感情の理由を表しています（**パターン③**）。次のような形容詞の後でも to 不定詞がこの用法で使われます。glad / pleased（うれしい）、thankful（感謝して）、sorry（残念な）、proud（誇りに思って）、disappointed（がっかりして）など。また、最後の〈who + S + V〉は、主語の人柄やその人らしさを表します。

**4** The time is always right to do what is right.

正しいことをするのに、頃合いを見計らう必要はない。
（直訳：時は正しいことをするのに常に適している。）

Martin Luther King Jr.　1929-1968　牧師、公民権運動家

　to do 以下が直前の形容詞 right を修飾し、「…するのに適切な」という意味を表しています（**パターン⑤**）。後ろの what is right はひとかたまりで「正しいこと」という意味を表し、do の目的語になっています（→関係代名詞 what p.194）。なお、time の前に定冠詞 the がついていますが、これは「（正しいことをする）その時」という特定の時を指すためです。

**5** Life is too short to be little.

つまらない生き方をするには、人生は短すぎる。

Benjamin Disraeli　1804-1881　イギリスの政治家、小説家

to be little が too short を修飾し、「何をするのに短すぎるのか」を表しています（**パターン⑤**）。〈**too ＋形容詞・副詞＋ to 不定詞**〉は「**…するには～すぎる**」「**～すぎて…できない**」という意味で、形は肯定文ですが否定の内容を表します。little は「つまらない、ささいな」という意味で使われています。

**6** Learn from the mistakes of others. You can't live long enough to make them all yourself.

他人の失敗から学ぶのです。それらを自分ですべて経験できるほど、長生きはできないのですから。

Eleanor Roosevelt　1884-1962　フランクリン・ルーズベルト大統領夫人

■Close-up Column Eleanor Roosevelt（エレノア・ルーズベルト）p.72

to make 以下が long enough を修飾し、「何をするのに十分長いのか」を表しています（**パターン⑤**）。〈**形容詞・副詞＋ enough ＋ to 不定詞**〉は「**…するには十分～**」という意味ですが、この文は否定文なので「十分長くはない」という意味です。them all（それらすべて）は all of them と言うこともできます（*all them* の語順は誤りです）。また、「間違いを犯す」は <u>*do*</u> a mistake ではなく <u>make</u> a mistake と言います。最後の yourself は「（あなたが）自分で」という意味の強調表現です（→再帰代名詞 p.23）。

**3**

不定詞

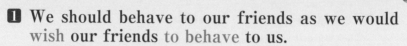

**❶ We should behave to our friends as we would wish our friends to behave to us.**

自分の友人には、自分が友人にそうしてもらいたいように振る舞うと良い。

Aristotélēs　紀元前 384-322　古代ギリシャの哲学者

behave：（動）振る舞う、行動する　as：（接）…するように

## Key point　目的語（O）が to 不定詞の意味上の主語になる

### ● SVO + to 不定詞の表す意味

　動詞の中には、**〈SVO + to 不定詞〉**の語順をとるものがあります。代表的なものが want で、**〈want O + to 不定詞〉で「O に…してほしい」という意味**になります。このとき、O が to 不定詞の意味上の主語になります。

例）I want you to come to the party.（あなたにパーティーに来てほしい。）

　→「あなた**が**パーティーに来る」= you が to come の主語の役割をする。

　❶を見てみましょう。前半の節で「私たちは自分の友人に対して振る舞うと良い」と述べ、as 以降で「どのように」という情報が補足されています。この後半の節の述語動詞に want と近い意味の wish が使われ、**〈wish O + to 不定詞〉で「O に…してほしいと願う」という意味**を成しています。wish の主語は we、to behave (to us) の意味上の主語は O = our friends です。したがって、「私たちが、（自分に対して）友人に振る舞ってほしいと願うように」という意味になります。なお、would は「…してほしい」という思いを控えめに表現するために使われています。

### ● SVO + to 不定詞をとる動詞の例

　次のような動詞はこの語順をとります。**to 不定詞は未来の意味を含む**ので、これからの相手の行動に対して、**何かを要望する意味合いの動詞が多い**のが特徴です。

| want, wish, would like | O に…してほしい | tell | O に…するように言う |
|---|---|---|---|
| ask | O に…するよう頼む | require | O に…することを求める |
| advise, recommend | O に…するよう勧める | enable | O が…するのを可能にする |
| allow | O が…するのを許す | encourage | O が…するのを励ます、促す |
| prepare | O に…する準備をさせる | expect | O が…すると予想する |

なお、次のような動詞は、近い意味合いでも〈SVO ＋ to 不定詞〉の形で使えないので注意が必要です。左側の表現は間違いです。

| | |
|---|---|
| × I ***hope*** you to accept this. | ○ I **hope** that you will accept this.<br>（これをお受け取りください。） |
| × I ***suggest*** you to call her. | ○ I **suggest** that you call her.<br>（彼女に電話したらどうですか。） |
| × He ***insisted*** me to accept the offer. | ○ He **insisted** that I（should）accept the offer.<br>（彼は私にその申し出を受けるよう強く要求した。） |

**❷ I don't want other people to decide who I am. I want to decide that for myself.**

私がどんな人間なのか、他人に決めてほしくありません。私はそれを自分で決めたいのです。　Emma Watson　1990-　イギリスの女優、活動家

who ＋ S ＋ V：主語の人柄、その人らしさ

**☰ Close-up Column** Emma Watson（エマ・ワトソン）p.214

　1 文目に〈**want** O ＋ to 不定詞〉（主語が O に…してほしい）、2 文目に〈**want** ＋ to 不定詞〉（主語自身が…したい）を使っています。1 文目の **to decide** の意味上の主語は O ＝ other people です。一方、2 文目の to decide の意味上の主語は、文の主語と同じ I です。全体として、「他人に…してほしいのではなく、自分で…したい」という意思を伝えています。2 文目のthat は 1 文目の who I am を指しています。

**❸ The object of education is to prepare the young to educate themselves throughout their lives.**

教育の目的とは、若者に、生涯にわたって自ら学ぶ心構えをさせることである。　Robert M. Hutchins　1899-1977　教育哲学者、シカゴ大学総長

throughout：（前）〜中ずっと、〜の始めから終わりまで

　文の骨格は The object of education is to prepare ... で、「教育の目的は…の準備をすることである」という意味を成しています。to prepare 以下は、文の補語の役割をしています。〈**prepare** O ＋ to 不定詞〉は「O に…する準備をさせる」という意味を表します。**to educate** の意味上の主語は、O ＝ the young（若者）です。その後の educate *oneself* は「自分自身を教育する（＝自ら学ぶ）」という意味です。したがって **to prepare** 以下全体で、「若者に、生涯を通して、自分自身を教育する準備をさせる」という意味になります。

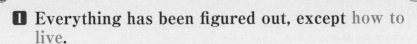

**❶ Everything has been figured out, except** how to live.

すべての物事の答えは出ている。いかにして生きるかということを除いて。

Jean-Paul Sartre　1905-1980　フランスの哲学者、小説家

figure out :（動）〜を理解する

## Key point 「…すべきか」という意味の名詞を作る

### ● 〈疑問詞＋ to 不定詞〉の表す意味

**〈疑問詞＋ to 不定詞〉は「…すべきか」という意味を表し、名詞の役割をします。**❶の **how to live** は「どのように生きるべきか」という意味で、名詞として前置詞 except（〜を除いて）の目的語になっています。通例、前置詞の後に to 不定詞を続けることはできませんが、except は例外的に動名詞、to 不定詞の両方を続けることが可能です。

なお、述語動詞の has been figured out は現在完了形の受動態（p.145）で、「もう…されている状態である」という意味です。主語 everything（あらゆること）は、「わかる（figure out）」のではなく、「（人によって）わかられる」ので受動態になっています。

〈疑問詞＋ to 不定詞〉には、次のようなものがあります。

| | |
|---|---|
| **how** to *do* | どのように…すべきか、…する方法 |
| **what** to *do* | 何を…すべきか |
| **when** to *do* | いつ…すべきか |
| **which** to *do* | どちらを…すべきか |
| **who** to *do* | 誰が…すべきか |
| **whom** to *do* | 誰を…すべきか |
| **what / which / whose** ＋名詞＋ to *do* | どんな／どちらの／誰の〜を…すべきか |

なお、通例 **why to *do* という言い方はしない**ので注意しましょう。

× *I asked him why to go there.*

○ I asked him <u>why I should go there.</u>

（私は彼に<u>なぜ私がそこへ行くべきなのか</u>尋ねた。）

**❷ The art of being wise is the art of knowing what to overlook.**

賢明であるためのコツは、何を見過ごすべきかを知ることだ。

William James　1842-1910　アメリカの哲学者、心理学者

art：（名）コツ、技能　overlook：（動）～を見過ごす、～を大目に見る

　第2文型（SVC）で、主語と補語が、**the art of** *doing*（…することのコツ）という同じ形で対比されています。**what to overlook** は「何を見過ごすべきか」という意味で、名詞として knowing の目的語になっています。

**❸ Intuition will tell the thinking mind where to look next.**

直観は、思考する精神に、次はどこに着目すべきかを教えてくれる。

Jonas Salk　1914-1995　ポリオワクチンの開発者

thinking：（形）考えることのできる、理知的な

　第4文型（SVOO）で、〈tell ＋人＋もの〉で「人にものを教える」という意味を成しています。**where to look** next（次はどこに注目すべきか）が名詞として、2つ目のものを表す目的語になっています。自動詞 look は「目を向ける、着目する」という意味で、at などの前置詞を伴わずに使われることもあります。

**❹ Don't tell people how to do things, tell them what to do and let them surprise you with their results.**

やり方を教えてはならない。何をすべきかを教えて、その結果であなたを驚かせるようにさせるのだ。

George S. Patton, Jr.　1885-1945　アメリカの陸軍軍人

　Don't tell …, tell … and …と3つの節が並んでいます。最初の2つは両方とも第4文型（SVOO）で、❸と同じく「人々に～を教える」という文です。**how to do** は「…するやり方」、**what to do** は「何をするべきか」という意味で、両方とも tell の2つ目の目的語になっています。and 以降の最後の節は第5文型（SVOC）で、〈let ＋人＋動詞の原形〉は「人に自由に…させる」という意味です（→使役動詞 p.228）。「（手取り足取り教えず、）彼らが結果であなたを驚かせるように（自由にできる余地を残）しなさい。」ということですね。

# Stephen Hawking
## （スティーブン・ホーキング）

1942-2018　イギリス生まれの「車いすの物理学者」

---

　スティーブン・ホーキングは「車いすの物理学者」として知られ、全身の筋肉が徐々に動かなくなる難病（**ALS**）と闘いながら、宇宙物理学、特にブラックホールの理論研究において多大な功績を残しました。また、ベストセラーとなった著書『ホーキング、宇宙を語る』など、市民に向けた発信も積極的に行い、科学と一般の人の橋渡しの役割を果たしました。

## 「動けないけれど、心の中は自由なんだ」

　彼はイギリスのオックスフォードに生まれ、オックスフォード大学を卒業後、ケンブリッジ大学大学院で応用数学と理論物理学を学びました。大学院在学中の 21 歳の時に ALS と診断され、医師からは余命 2 年と告げられます。ALS は進行性の神経疾患で、身体を動かすのに必要な脳からの指令が伝わらなくなることで、筋肉が徐々にやせて力がなくなっていく病気です。彼は発症後しばらくして歩けなくなり、車いすが必要となりました。

　若くして余命を宣告され一時はうつ状態に陥った彼ですが、歩くことも話すこともできなくなり、多くの身体的機能を失いながらも、彼の頭脳が衰えることはありませんでした。物理学には実験を繰り返して新しい発見に辿り着く実験物理学という分野もありますが、彼は、数式によって新しい理論を構築していく理論物理学を専門としていました。このことを「理論は頭の中で行うため、理論物理学を学んだのは幸運だった」と述べています。

### Although I cannot move and I have to speak through a computer, in my mind I am free.

僕は動けないしコンピューターを通してしか話すことができないけれど、心の中は自由なんだ。

### However difficult life may seem, there is always something you can do and succeed at.

人生がどんなに困難に思えたとしても、あなたにできることや成功できることが必ずあるんだよ。（→ p.201）

# 『ホーキング、宇宙を語る』

　ハンディキャップを抱えながらも自分にしかできないことを見つけた彼は、ケンブリッジ大学のルーカス教授職（ニュートンも務めた数学分野の教授職）に就くほど優秀な科学者となりました。そして彼を一躍有名にしたのは、1988 年に出版された『ホーキング、宇宙を語る』（原題：A Brief History of Time）です。これは一般読者向けの宇宙学解説書で、世界的なベストセラーとなりました。一般読者向けとはいえ内容は難しく「最も有名な一度も読まれない本」と揶揄されることもありました。また、「この本を最初から最後まですべて読んで内容を理解した人がどのくらいいるのか」という論議もありました。彼はこのように噂されていることを humorous ととらえていたそうです。すべてを理解することができずとも、たくさんの人々が、彼が語る果てしない宇宙に憧れを抱いたことは確かです。そこから科学の道に進んだ子どもたちも数多くいたことでしょう。

　また、彼はメディアにも積極的に登場しました。アメリカの国民的テレビアニメ『シンプソンズ』にキャラクターとして登場した他、テレビドラマ「スタートレック」に本人役で出演し、俳優が演じるニュートンやアインシュタインとポーカーをしながら語り合っています。また、2012 年のロンドンパラリンピックの開会式のステージに登場しガイド役を務めました。2015 年には彼の半生を描いた映画『博士と彼女のセオリー』が公開されました。

　難病に苦しみながらもさまざまなことにチャレンジし、自分のやるべきことを見つけて前向きに生きた彼は、こうして多くの人に親しまれ、一般の人が科学に興味を持つきっかけを作りました。

**Remember to look up at the stars and not down at your feet. Try to make sense of what you see and wonder about what makes the universe exist. Be curious.**

足元を見るのではなく、星を見上げることを忘れないで。あなたが見ているものを理解しようと努め、何が宇宙を存在させているのかについて思いを巡らせてみて。好奇心を持つんだ。

科学者でなくても、星空を眺め宇宙について考えてみたくなりますね。

スティーブン・ホーキングの名言→ p.119, 132, 201

お気に入りの名言を書き込みましょう

# Part 2 Chapter 4

## 分詞

分詞は動詞が変化したもので、**現在分詞は〈動詞の原形＋ -ing〉の形です**。
**過去分詞の多くは〈動詞の原形＋ -ed〉**の形ですが、中には break（壊す）
→ broken のように、不規則に変化する動詞もあります。

**分詞は形容詞の働きをすることができます**。通常の形容詞と同じように、
限定用法と叙述用法（p.18）があります。Section 1・2 では、それぞれの
用法、および現在分詞・過去分詞の使い分けを確認します。

また、Section 3 で扱う分詞構文では、**分詞が動詞と接続詞の働きを兼
ね備え、文を修飾する副詞の働きをします**。なお、他の Chapter で扱う進
行形（be 動詞＋ *doing*）や受動態（be 動詞＋ *done*）、完了形（have ＋
*done*）における *doing* や *done* も分詞です。

> **1** **Normality is a paved road: it's comfortable to walk but no flowers grow.**
> 「普通」とは舗装された道だ。歩くには心地良いが、花が育つことはない。
> Vincent van Gogh　1853-1890　後期印象派の画家

## Key point　1語なら前から、2語以上なら後ろから修飾する

### 限定用法の分詞の位置

限定用法の分詞は、修飾する名詞の前後について、名詞を修飾します。分詞を名詞の前後どちらに置くかは、通例、次のように決まります。

❶ 分詞が名詞の**前**に置かれる：分詞が**1語だけ**の場合

例）a **paved** road （舗装された道）→ **1** 、iced tea （アイスティー）

a smiling baby （笑っている赤ん坊）、shining eyes （キラキラ輝く目）

❷ 分詞が名詞の**後ろ**に置かれる：

・分詞が目的語・補語・修飾語などを伴って、**2語以上**になる場合

例）the people giving you the facts （あなたに事実を伝える人々）→ **3**

・**-thing、-one、-body で終わる代名詞**を修飾する場合

例）something interesting （面白いこと）

### 現在分詞と過去分詞の区別

分詞の元の動詞はほとんどが「…させる」という意味の**他動詞**です。この時、修飾する名詞との関係が**能動なら現在分詞、受動なら過去分詞**が使われます。**1** は名詞 road （道）が「舗装**される**」という受動の関係なので過去分詞 paved が使われています。

なお、数は少ないものの**自動詞**から変化した分詞もあります。その場合は能動か受動かではなく、**進行・状態の意味なら現在分詞、完了の意味なら過去分詞**となります（→ **4**）。

| 分詞 | 元の動詞 | 例 | 意味 |
|---|---|---|---|
| **現在分詞** | 他動詞 | shocking news | 【能動】驚かせる〔驚くべき〕ニュース |
| | 自動詞 | melting snow | 【進行・状態】溶けかかった雪 |
| **過去分詞** | 他動詞 | shocked people | 【受動】ショックを受けた人々 |
| | 自動詞 | melted butter | 【完了】溶けたバター |

## ❷ Always work hard on something uncomfortably exciting.

たまらなくわくわくすることに、常に懸命に取り組むことだ。

Larry Page　1973-　Google の共同創業者

work on：〜に取り組む

　代名詞 something （何か）が後ろから修飾されています。「何か**が**（人を）**興奮させる**」という**能動の意味**なので、現在分詞 exciting が使われています。通例良くない意味で使う uncomfortably（心地悪く）で exciting（わくわくさせる）を修飾し、「たまらない、うずうずする」といった気持ちの高ぶりが表現されています。

## ❸ The reliability of the people giving you the facts is as important as the facts themselves.

事実を伝える人の信頼性は、事実そのものと同じくらい重要である。

Harold Geneen　1910-1997　実業家、ITT 社長

give：（動）〜に（情報・伝言など）を伝える

　この文の骨格は The reliability ... is as important as A.（信頼性は、A と同じくらい重要である。）で、the reliability of the people giving you the facts がこの文の主語です。giving you the facts（あなたに真実を伝える）は、people を修飾しています。「人々**が**事実を**伝える**」という**能動の意味**なので、現在分詞が使われています。また、you と the facts という 2 つの目的語を伴って 2 語以上になっているので、people の後ろに置かれています。最後の themselves は the facts を強調し、「事実そのもの」という意味を表しています。

## ❹ In the field of observation, chance favors only the prepared mind.

観察の分野では、チャンスは備えある者にのみ訪れる。

（直訳：観察の分野では、チャンスはきちんと準備をした人を好む。）

Louis Pasteur　1822-1895　フランスの化学者、細菌学者

　favor は「〜に有利に働く、〜のほうを好む」という意味で、the prepared mind がその目的語になっています。過去分詞を使っているのは、名詞 mind（心、人）が**準備を完了している**ためです。prepare には他動詞（〜の準備をする）の用法もありますが、ここでは自動詞（心の準備をする）が変化して「完了」を表す過去分詞に変わり、mind を修飾しています。

## 補語になる叙述用法 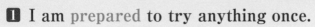 ♪ 040

> **❶ I am prepared to try anything once.**
> 私は、何事にも一度は挑戦してみようという心構えがある。
> Richard Branson 1950- ヴァージン・グループ創業者

### Key point 第2文型は主語、第5文型は目的語との関係に注目

**叙述用法では、分詞が補語 (C) の役割をします。**第2文型（SVC）と第5文型（SVOC）における、現在分詞と過去分詞の使い分けを確認しましょう。

#### ● 第2文型（SVC）：主語と、補語になる分詞との関係を確認

**❶**は第2文型なので、主語 I と prepare との関係を考えます。prepare は「（物）を準備する」の他に、「人に～の準備〔心構え〕をさせる」という意味があります。「私 (S) が**心構えをさせられる**」という**受動の関係**なので、過去分詞 **prepared** が使われています。

#### ● 第5文型（SVOC）：目的語と、補語になる分詞との関係を確認

一方、次の文は第5文型なので、目的語と call の関係を考えます。a) は「誰か (O) が**呼ぶ**」という**能動の関係**なので、現在分詞 **calling** が使われています。b) は「私の名前 (O) が**呼ばれる**」という**受動の関係**なので、過去分詞 **called** が使われています。

a) I heard someone **calling** me.（誰かが私を**呼んでいる**のが聞こえました。）
b) I heard my name **called**.（私の名前が**呼ばれる**のが聞こえました。）

#### ● 分詞形容詞

なお、**prepared** は元々は分詞ですが、形容詞として辞書に載っています。このように形容詞として扱われるようになった分詞も多くあります。以下は分詞形容詞の代表的な例です。

| amazing | 驚くような、素晴らしい | amazed | 驚いた |
|---|---|---|---|
| boring | 退屈させる、つまらない | bored | 退屈した |
| confusing | 混乱させる、わかりにくい | confused | 混乱した |
| disappointing | 失望させる | disappointed | 失望した |
| exciting | わくわくさせる | excited | わくわくした |
| interesting | 興味深い、面白い | interested | 興味を持った |
| thrilling | ぞくぞくさせる | thrilled | ぞくぞくした |

## ❷ All limitations are self-imposed.

すべての制限は、自分が自分に課している。

Oliver Wendell Holmes　1809-1894　アメリカの作家、詩人、医学者

　第2文型なので、現在分詞か過去分詞かは、主語 all limitations（すべての制限）と impose（～を課す）との関係によって決まります。「制限 (S) が**課される**」という**受動の関係**なので過去分詞 imposed が使われています。self- は「自分で、自分自身に対して」という意味で、形容詞の前に置かれます。self-imposed（自らに課した）は元々分詞ですが、形容詞として扱われるようになっています。

## ❸ Life is an exciting business and most exciting when it is lived for others.

人生は刺激的なものです。そして他人のために生きる時、最も胸がわくわくします。

Helen Keller　1880-1968　教育家、社会福祉活動家

　❸の主語と述語動詞は Life is で、and の前後の2つの節で共通しているため、後ろの節では省略されています。第2文型なので、主語 life と excite（～を興奮させる）との関係を確認します。「人生 (S) が人を**興奮させる**」という**能動の関係**なので、現在分詞 exciting が使われています。なお、前半の節中の an exciting business の exciting は限定用法で、business を修飾しています。

## ❹ The great ocean of truth lay all undiscovered before me.

真理という大海は、未だ発見されぬまま、私の前に広がっていた。

Isaac Newton　1643(旧暦 1642)-1727　物理学者、数学者

　lay は lie の過去形で、第2文型で「…のままである」という意味を表します。主語 the great ocean（大海）と discover（～を発見する）は、「大海 (S) が**発見される**」という**受動の関係**なので、過去分詞 undiscovered が使われています。un- は「…でない」という意味で、後ろに続く単語の反意を表しています。all は「完全に」という意味の副詞で、ここでは undiscovered を修飾し、「まったく発見されないで」という意味を表しています。

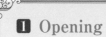

> **1** Opening the window, I open myself.
> 窓を開けて、私は私自身を開放する。
>
> Natalya Gorbanevskaya　1936-2013　ロシアの詩人、公民権運動家

## Key point　分詞構文は、文を修飾する副詞の役割をする

### 分詞構文とは

　分詞が**動詞と接続詞の役割を兼ね**、後ろに続く語とともに**副詞句として文を修飾する**ことがあります。この用法を**分詞構文**と呼び、主に次の意味を表します。

| 時 | …する時、～する | 理由 | …なので、～する |
|---|---|---|---|
| **同時**に起こる動作 | …しながら、～する | **連続**して起こる動作 | …して、～する |

### 分詞構文の作り方

　2つの節から成る文を、以下の手順で分詞構文にします。

例) **When I open the window,** I open myself.

　　→ **Opening the window,** I open myself.

❶ 接続詞をとる。(× When) **I open the window**

❷ 主節と主語が同じなら、従属節の主語をとる。(× When) (× I) **open the window**

❸ 主節と時制が同じなら、従属節の動詞を現在分詞にする。**Opening the window**

※否定形の場合、現在分詞の前に not〔never〕を置く。例) **Not** opening the window

※従属節の時制が主節より前の場合は、完了形の〈Having +過去分詞〉の形にする。

### 分詞構文を読み解く

　**1**の **Opening the window,** は現在分詞から始まる句ですが、文の要素とはなっておらず、後ろの I open myself を修飾する分詞構文だとわかります。意味を考えてみましょう。

❶ **主語は省略されているため、主節と同じ I (私)** です。

❷ 〈Having +過去分詞〉ではなく現在分詞から始まっているので、**時は主節と同じ現在**です。したがって、「私が窓を開ける」という意味だとわかります。

❸ **省略されている接続詞を考えます**。主節の述語動詞 open は「～を開放する」という意味もあり、open myself は「自分自身を開放する」ことを表します。すると window も「心の窓」という比喩的な意味に解釈でき、文全体は「私は心の窓を開けて、私自身を開放する。」ととらえることができます。この時、省略されている接続詞は **When** I open the window, ... (時) とも、I open the window, **and** ... (同時または連続の動作) とも考えられます。

**2** Don't spend time beating on a wall, hoping to transform it into a door.

壁を扉に変えようとして、壁をたたくのに時間を浪費してはいけないわ。

Coco Chanel　1883-1971　フランスのファッションデザイナー

spend time *doing*：…するのに時間を費やす　transform：（動）〜を変える

**hoping**（期待して）以下が分詞構文で、主節にある beating on a wall（壁をたたく）と同時進行の動作を表し、補足的に意味を添えています。このように**同時または連続して行われる動作や出来事を「付帯状況」と呼びます**。「時」や「理由」を表す分詞構文は文頭に置かれることが多いのに対し、「付帯状況」を表す分詞構文は通例このように文末に置かれます。

**3** When I first looked back at the Earth, standing on the Moon, I cried.

月の上に立って、最初に地球を振り返った時、私は泣いた。

Alan Shepard　1923-1998　アメリカ初の宇宙飛行士

**standing** on the Moon（月の上に立って）が分詞構文です。**2**と同様「付帯状況」を表し、looked back（振り返った）と同時に行われた動作を表しています。When I first looked back at the Earth,（＝従属節）I cried.（＝主節）という文に分詞構文を挿入して、地球を振り返った時の状況を補足しています。

**4** Compared with what we ought to be, we are only half awake.

あるべき姿と比べて、私たちは半分しか目覚めていない。

William James　1842-1910　アメリカの哲学者、心理学者

compare A with B：A を B と比べる　awake：（形）目が覚めて

元は **Being compared** … という受動態の分詞構文ですが、通例冒頭の Being は省略されます。主語は主節と同じ we（私たち）で、「私たちは**比べられる**」ので、分詞構文が受動態になっています。〈who / what ＋ S ＋ V〉は主語の人柄などを表し、助動詞 ought to（…すべき）とともに使われて「私たちがあるべき姿」という意味を成しています。

4
分詞

# Katharine Graham
## （キャサリン・グラハム）

1917-2001　ワシントン・ポスト社主

## 歴史的政治スキャンダルを報道

　キャサリン・グラハムは、日刊紙ワシントン・ポストの社主として、アメリカ政治を大きく揺るがしたウォーターゲート事件（※）を報道したジャーナリストです。2017 年にアメリカで公開された映画『ペンタゴン・ペーパーズ／最高機密文書』（原題：The Post）では、歴史的報道の経緯が描かれました。

※ ニクソン大統領（共和党）の再選支持派による民主党本部への侵入、盗聴、事件報道、裁判など、大統領辞任までの一連の出来事を指す。

　ニクソン政権と対立しながらも報道の自由を貫いた彼女は、one of the most powerful women in America（アメリカで最もパワフルな女性の１人）などと称されました。自身は「まるで重量挙げの選手のよう」とその評価に戸惑いを覚えていたようですが、彼女が自分の仕事を心から楽しんでいたことは次の言葉からわかります。

## To love what you do and feel that it matters — how could anything be more fun?

自分の仕事を愛し、それが意義のあることだと感じること、これ以上楽しいことがあるかしら。

## 専業主婦からワシントン・ポスト社主へ

　こうした活躍からキャリアウーマンのイメージが先行しますが、実は、彼女は元々専業主婦でした。ニューヨーク州の大変裕福な家庭に育ち、投資家として成功していた父親が、競売にかけられたワシントン・ポストを買収して新聞経営を始めます。彼女は雑用係としてそこでアルバイトをしたり、シカゴ大学卒業後はサンフランシスコ・ニューズ社で１年ほど働くなどしました。

　その後ワシントンに戻り、ハーバード大学のロースクールを卒業して最高裁判事の書記と

して働いていたフィリップ・グラハムと結婚します。結婚後、夫のフィリップは義父の経営するワシントン・ポストで働き始め、ほどなくして経営を引き継ぎます。その後順調に売り上げを伸ばし、彼女は専業主婦となって4人の子どもに恵まれました。ただ、裕福で幸せな社長夫人といったイメージとは裏腹に、夫婦関係は円満とは言えませんでした。そして、精神的に不安定になった夫が自死した後、彼女はその跡を継ぐことを決意します。

## Left alone, no matter at what age or under what circumstance, you have to remake your life.

独りぼっちで残されたら、何歳だろうとどんな状況だろうと、自分の人生をもう一度作っていかなければなりません。

　こうして思いがけずジャーナリズムの道に生きることになった彼女ですが、当初は経験も自信もなく、経営のことも何もわかりませんでした。しかし、手探りで読者層拡大のための紙面づくりに取り組んでいきます。当時女性の社長は大変珍しく、男性中心の社会の厳しさにも直面しました。ワシントン・ポストの要職から退いた後に出版された彼女の自伝『キャサリン・グラハム　わが人生』（原題：Personal History）は、1998年にピュリッツァー賞を受賞。「20世紀を代表する自伝」と評され、多くの働く女性に支持されました。

# ジャーナリズムへの問いかけ

　のちに彼女は自身の仕事について、ウォーターゲート事件は仕事人生の中で最も重要な出来事だったけれど、それ以外は、彼女が直接的に記事に関与することは基本的になかったと述べています。ニクソン政権にとって致命的な文書を記事にすべきかどうか、当然のことながら社内の意見は分かれましたが、彼女が社命を賭けてスクープ記事の掲載に踏み切った理由は何だったのか、次の言葉から推測できます。

For the most part, I was behind the scenes. I was a kind of devil's advocate, asking questions all along the way — questions about whether we were being fair, factual and accurate.

ほとんどの場合、私は表には出ませんでした。あえて反対意見を述べていたところがあり、常に質問していました。―私たちが公正で、事実に基づいていて、正確であるかどうかについての質問です。

devil's advocate：悪魔の代弁者、議論の妥当性を試すためにあえて反対意見を述べる者

彼女が問いかけていたこうした観点は、私たちの時代にも今一度問われるべきことかもしれません。

キャサリン・グラハムの名言→ p.15

# Part 2 Chapter 5

## 比較

どちらが年上か、どれが一番大きいか、のように人やものを比較する際は、形容詞や副詞の形を変えます。この変化を**比較変化**と呼びます。比較変化しないそのままの形を**原級**と呼びます。何をどのように比べるかによって、比較の表現は次の3種類に分けられます。

| ❶ 2つを比べる | **比較級** + than ～ | ～よりも…だ |
|---|---|---|
| ❷ 3つ以上を比べる | **最上級** + of / in / among ～ | ～の中で最も…だ |
| ❸ 同程度であることを表す（同等比較） | as + **原級** + as ～ | ～と同程度に…だ |

比較変化には規則変化と不規則変化があります。大よそのルールはありますが、例外もあるため、その語がどのように比較変化するかは辞書等で確認すると確実です。

> **❶ Done is better than perfect.**
> 完璧を目指すより、とにかくやってしまうほうが良いわ。
>
> Sheryl Sandberg 1969- Facebook の COO

## Key point　比較変化には規則変化と不規則変化がある

形容詞や副詞の比較変化には、概ね以下のようなルールがあります。

### ● 規則変化

❶ 1音節などの短い語は、語尾に **-er**（比較級）、**-est**（最上級）をつけることが多い。

※音節：ひとまとまりに発音される最小の単位。1つの音節に1つの母音が基本。

例）fast – fast**er** – fast**est**

❷ 長めの語や〈形容詞＋ ly〉の形をした副詞は、原級の前に **more**（比較級）、**most**（最上級）をつけることが多い。

例）interesting – **more** interesting – **most** interesting（面白い）

easily – **more** easily – **most** easily（簡単に）

### ● 不規則変化

形を変えて不規則に変化する語もあります。よく使う不規則変化は覚えましょう。many、much、little の比較級・最上級と、他の形容詞・副詞の前につける more、most、less、least の区別に注意しましょう。

| 原級 | 比較級 | 最上級 |
|---|---|---|
| **good**（形）、**well**（形・副） | **better** | **best** |
| **bad**（形）、**badly**（副）、**ill**（形・副） | **worse** | **worst** |
| **many**（形）、**much**（形・副） | **more** | **most** |
| **little**（形・副） | **less** | **least** |

### ● 比較級 + than ～

**❶** は good（良い）の比較級 **better** が使われ、done と perfect のどちらがより良いかを比較しています。done（やり終えた）も perfect（完璧な）も両方とも形容詞で、通常形容詞は主語にはなりませんが、それぞれの状態を比べていると考えることができます。**than**（～より）の後には、比較の対象を示します。本来は done <u>is</u> と perfect <u>is</u> が比較されているのですが、共通の部分は省略されるため、than の後では is は省略されて perfect が残っています。

## 2 A wise man will make more opportunities than he finds.

賢い人は、（偶然）出会うよりも多く、機会を作り出す。

Francis Bacon　1561-1626　イギリスの哲学者

more opportunities は many opportunities（多くの機会）の比較級です。**make** opportunities（機会を作る）と **find(s)** opportunities（機会を見つける）という 2 つの動作について、どちらが opportunities（機会）の数が多いかを比較しています。he finds の後の opportunities は省略されています。

## 3 Labour without genius will do more in the long run than genius without labour.

努力のない才能よりも、才能のない努力のほうが、長い目で見れば大きな働きをするだろう。　　　　John Lubbock　1834-1913　イギリスの銀行家、政治家

labour：（名）努力、仕事（米では labor）　genius：（名）才能、天才

**more** は副詞 much（大いに）の比較級です。do much で「大いに役立つ、大きく貢献する」などの意味があります。labour without genius（才能のない努力）と genius without labour（努力のない才能）では、どちらがより do much かを比べています。**than** genius without labour の後の will do は省略されています。

## 4 Most "necessary evils" are far more evil than necessary.

たいていの「必要悪」というものは、必要性よりも悪質性のほうがはるかに大きい。

Richard Branson　1950-　ヴァージン・グループ創業者

**more** evil は evil の比較級です。形容詞 evil（邪悪な）と necessary（必要な）を使い、「必要悪」というものにおいて「悪質性」と「必要性」のどちらの要素がより大きいかを比較しています。比較級の前に **far** が置かれているのは、その差が **「はるかに…だ」** と強調しているためです。**far の他、much、even、still、a lot などでも比較級を強調できますが、very は使えません**。

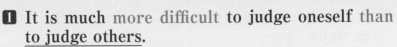

**1 It is much more difficult to judge oneself than to judge others.**

他者を評価するより、自分を評価することのほうがずっと難しい。

Antoine de Saint-Exupéry 1900-1944 『星の王子さま』の作者

## Key point 比較の対象を文法的に対等なものにそろえる

### ● 比較の対象をそろえる

英語の比較では、**比較する2つの物事の文法的な種類をそろえる必要があります**。例えば**単語と単語を比較する際は、品詞をそろえる**必要があります。summer（夏）と winter（冬）のように名詞同士を比較することはできますが、summer と cold（寒い）のように名詞と形容詞を比較することはできません。

また、品詞だけでなく、**単語と単語、句と句、節と節のように2つを文法的に対等なものにそろえる**必要があります。**1** では to judge oneself（自分を評価すること）と to judge others（他者を評価すること）のように、両方とも名詞の役割をする to 不定詞にそろえています。例えば to judge oneself（to 不定詞句）と others（単語）、あるいは to judge oneself（to 不定詞句）と that we judge others（that 節）のように、種類の異なる2つを比較することはできません。

### ● 比較の対象の省略

〈比較級＋ than ～〉が比較級の基本ですが、実際には比較の対象が省略されることがよくあります。次の例は「以前よりも」という比較対象が明らかで、言う必要がないため、省略されています。

例）It is getting **colder** and **colder** these days.（近頃だんだんと寒くなってきました。）

また、文脈上、than 以外の形で比較対象が示されることもあります（→**4**）。

**❷ No duty is more urgent than that of returning thanks.**

礼を伝えることよりも急いで行うべき義務などない。

James Allen　1864-1912　イギリスの作家、詩人

thanks：（名）謝意、感謝

　主語 no duty の比較の対象は that of returning thanks です。**代名詞 that は前述の名詞を受けています**。名詞 no duty と動名詞句 returning thanks は文法的に対等でないため、**that**（**= duty**）**of** returning thanks（礼を伝える義務）とする必要があります。**more urgent** は urgent の比較級ですが、否定語 no を使い、文全体は「礼を伝えることが最優先だ」という最上級の意味を表しています（p.120）。

**❸ You don't have to be sick to get better.**

より良くなろうとして、ふさぎ込む必要はない。

Michael Josephson　1942-　倫理コンサルタント

　**better** は形容詞 good（良い）、well（健康な）の比較級です。**get better** は「上達・改善・向上する」などの他に「病気が快方に向かう」という意味もあり、**be sick** と対比的な意味を表しています。「何よりも」という比較の対象が書かれていませんが、ここでは「以前の自分」と比べていることがわかります。マイケル・ジョセフソンは、自分を向上させようとする時、これまでの自分が不十分なのだと否定的に考える必要はなく、Improvement is always possible.（改善はいつだってできる。）と述べています。

**❹ It's fine to celebrate success but it is more important to heed the lessons of failure.**

成功を祝うのはいいが、もっと大切なのは失敗から学ぶことだ。

Bill Gates　1955-　マイクロソフトの共同創業者

heed：（動）～を心に留める　lesson：（名）教訓

　比較の対象を表す際、いつも than（～より）が使われるわけではありません。❹ は最初に to celebrate success（成功を祝うこと）について述べ、それよりも to heed the lessons of failure（失敗の教訓を心に留めること＝失敗から学ぶこと）が大切だと述べています。

5

比較

> **1** The greatest **risk is standing still.**
> 何もしないことが最大のリスクだ。
>
> Anonymous（作者不詳）

still：（副）じっとして、黙って

## Key point　3つ以上のものを比較し、「最も…だ」を表す

### ● the ＋最上級＋ in / of ～

　最上級の前には定冠詞 the をつけます。これは「最も…なもの」は普通1つに限定されるためで、**1**も greatest risk の前に the がついています。ただし、形容詞の叙述用法（p.19）や副詞の前には the がつかないこともあります（→**3**）。何の中で一番なのかという比較対象を表す場合は、次の前置詞が使われます。

| 前置詞 | 前置詞に続く名詞 | 例 |
|---|---|---|
| **in** | 集団や場所、範囲を指す名詞 | in *one's* class、in Japan |
| **of / among** | 複数のものを指す名詞 | of the three、among them |

in Japan　　of the three

### ● 関係詞節で比較対象を表す

　関係代名詞（p.185）の導く節を使って比較対象を表すこともあります。よく一緒に使われるのが経験を表す現在完了形で、次の例のように**「今までに～した中で最も…だ」**の意味を表します。肯定文では「今までに」は before を使いますが、この場合例外的に ever を使います。

例）This is **the most beautiful** sunset (**that**) **I have ever seen**.

　　（これは<u>私が今までに見た中で</u>、一番きれいな夕焼けです。）

### ● one of the ＋最上級＋名詞の複数形

　「最も…なもの」が1つに限定されない場合、〈**one of the ＋最上級＋名詞の複数形**〉という表現を使います。日本語の**「最大級の、有数の、屈指の」**に当たる意味を持ちます。

例）Steve Jobs was **one of the greatest business leaders** in the world.

　　（スティーブ・ジョブズは世界屈指の偉大なビジネスリーダーの1人でした。）

## ❷ The first step is always the hardest.

最初の一歩がいつも一番難しい。

English Proverb（ことわざ）

　hardest は、形容詞 hard（難しい）の最上級です。叙述用法の形容詞には the がつかない
ことが多いですが、この場合は the hardest step（最も難しい一歩）の step が省略された限
定用法ととらえることができます。「すべての steps の中で」という意味が明らかなため、比較
対象は述べられていません。

## ❸ Kites rise highest against the wind — not with it.

凧が一番高く上がるのは、風に向かっている時であり、風に流されている時では
ない。

Winston Churchill　1874-1965　第二次世界大戦中のイギリス首相

**5**

比較

　highest は副詞 high（高く）の最上級で、動詞 rise を修飾しています。このように副詞の
最上級の前には定冠詞 the がつかないことがよくあります。not with it（= the wind）がダッ
シュの後に付け加えられ、against the wind と対比されています。チャーチルの不屈の精神が
表れている名言です。

## ❹ Humor is by far the most significant activity of the human brain.

ユーモアは人間の脳の飛び抜けて重要な活動である。

Edward de Bono　1933-　医師、「水平思考」を提唱

　most significant は形容詞 significant の最上級です。最上級の前に by far が置かれてい
るのは、その差が**「はるかに…だ」**と強調しているためです。**by far の他、much や very
でも最上級を強調することができます。**

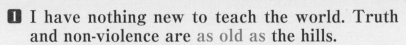

**1** I have nothing new to teach the world. Truth and non-violence are as old as the hills.

私には新たに世界に教えるべきことなど何もありません。真実や非暴力は、あの丘と同じくらい昔からあるのですから。

Mahatma Gandhi　1869-1948　政治指導者、「インド独立の父」

## Key point　〈A ... as ＋原級＋ as B〉の形で、同程度を表す

### ● 同等比較の表す意味

〈**A ... as ＋原級＋ as B**〉の形で「**A は B と同じくらい…だ**」という意味を表し、これを同等比較と呼びます。同等比較は **B を基準に A についての情報を述べる**表現で、話し手も聞き手も B の程度などについて知っていることが前提となります。また、通常の文と違い、**A と B の間の相対的な関係について述べている**点にも注意が必要です。次の例を見てみましょう。

a）Mark is **tall**.（マークは**背が高い**です。）
b）Mark is **as tall as** his father.（マークは彼の父親と同じくらいの背丈です。）

→ a）はマークの背が高いことを述べています。一方、b）は父親の背丈を基準に、マークの背丈について述べていますが、**2 人の背が（絶対的に）高いかどうかはわかりません**。a）の tall は「背が高い」という情報を伝えているのに対し、b）の as tall as は「**背の高さ」を比べるための物差しを与える役割**をしています。

Mark

Mark is tall.

Mark　father

Mark is as tall as his father.

**1** の 2 文目は第 2 文型（SVC）で、truth and non-violence と the hills を比較しています。**as old as** と同等比較が使われ、昔からあるということが明らかな the hills（あの丘）を基準に、真実や非暴力も同じように昔からあるのだと述べています。

### ● 同等比較の形

同等比較の対象となるのは語句と語句だけではなく、次のページの **2** のように、節と節が比較されることもあります。また、**3**、**4** のように as と as の間に名詞が置かれ、〈**A ... as ＋形容詞の原級＋名詞＋ as B**〉となることもあります。

**2** **Folks are usually about** as happy as **they make their minds up to be.**

人はたいてい、そうなろうと決意した程度に幸せである。

Abraham Lincoln　1809-1865　第 16 代アメリカ合衆国大統領

folk(s)：（名）人々　make *one's* mind up to *do*：…しようと決心する

Folks are **happy**（人々は幸せである）と they make their minds up to be **happy**（彼らは幸せになろうと決心する）という 2 つの節を比較し、幸せの度合いが同じくらいだと述べています。to be の後の happy は省略されています。as の前の副詞 about（ほとんど）は、その程度がぴったりではなく、だいたい同じだということを表しています。

**3** **Asking the right questions takes** as much skill as **giving the right answers.**

適切な質問をするには、適切に回答をするのと同じくらい技術が必要だ。

Robert Half　1919-2001　人材紹介会社の創業者

asking the right questions（適切な質問をすること）と giving the right answers（適切に回答をすること）を比較し、この 2 つは takes **as much** skill（同じくらい技術が必要だ）と述べています。2 つの as の間に〈形容詞の原級＋名詞〉が置かれていますが、文法的には **as much** が skill を修飾し、後ろの **as** が比較対象を導く役割をしています。

**4** **To listen well is** as powerful **a means of communication and influence** as **to talk well.**

コミュニケーションと影響力という観点から言うと、上手に聞くことは、上手に話すことと同じくらい強力な手段である。

（直訳：上手に聞くことは、上手に話すことと同じくらいコミュニケーションと影響力の強力な手段である。）　John Marshall　1755-1835　第 4 代アメリカ最高裁長官

means：（名）手段、方法

to listen well（上手に聞くこと）と to talk well（上手に話すこと）を比較しています。as と as に挟まれた名詞につく冠詞の位置に注意しましょう。通常は **a** powerful means of communication のように〈**冠詞**＋形容詞＋名詞〉の語順ですが、同等比較で as が前にあると、**as** powerful **a** means of ... と〈形容詞＋**冠詞**＋名詞〉の語順になります。これは、1 つ目の as は副詞で、その直後に as に修飾される形容詞が続くのが自然なためです。

117

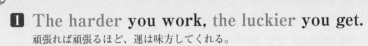

**❶** **The harder you work, the luckier you get.**

頑張れば頑張るほど、運は味方してくれる。

Gary Player　1935-　元プロゴルファー

## Key point　比較を使った慣用表現を押さえよう

比較は、決まったパターン以外にもさまざまな慣用表現に使われています。

・**the ＋比較級..., the ＋比較級〜**（…すればするほど、ますます〜だ）→ **❶**、**❷**

**❶** の **harder** は副詞 hard（熱心に）の比較級で、You work harder. という文の述語動詞 work を修飾しています。**luckier** は形容詞 lucky の比較級で、You get luckier. という文の補語の働きをしています。通常の文では **harder** と **luckier** は文尾に置かれますが、この表現では〈the ＋比較級〉が文頭に置かれます。

他にも以下のような表現がよく使われます。

・**比較級＋ and ＋比較級（＋名詞）**：ますます…（な△△）→ **❸**

　例）It is getting **warmer and warmer**.（ますます暖かくなっています。）

・**nothing more than A**：A にすぎない→ **❹**

・**nothing less than A**：まさに A、A にほかならない

・**at most**：せいぜい、多くとも

　**at least**：少なくとも

　例）It takes ten minutes **at most** to get there.（そこへ行くにはせいぜい 10 分です。）

・**more or less**：多かれ少なかれ、いくらかは

　例）**More or less**, I like my job.（私は自分の仕事がまあまあ好きです。）

・**what is more**：その上

　例）He is kind, and **what is more**, he is well-educated.

　　（彼は親切で、その上とても教養があります。）

・**the last ＋名詞＋ to do〔関係詞節〕**（最も…しそうにない△△）

　例）He would be **the last person to say** such a thing.

　　（彼は決してそんなことを言う人ではありません。）

**❷** The more I learn, the more I realize I don't know. The more I realize I don't know, the more I want to learn.

学べば学ぶほど、自分は無知なのだとわかる。自分が無知だと知れば知るほど、一層学びたくなる。　　　　　　Albert Einstein　1879-1955　ドイツ生まれの物理学者

■ Close-up Column　Albert Einstein（アルベルト・アインシュタイン）p.30

more は副詞 much（大いに）の比較級で「もっと、より一層」という意味を表します。1文目では動詞 learn（学ぶ）と realize（わかる）、2文目では動詞 realize と want（したい）がそれぞれ **the more** で修飾され、語順が変化しています。learn と realize という同じ動詞が繰り返し使われ、学びへの貪欲な姿勢が表現されています。

**❸** Nothing is better than reading and gaining more and more knowledge.

本を読んでますますたくさんの知識を得ること以上に良いことはないよ。
Stephen Hawking　1942-2018　イギリス生まれの「車いすの物理学者」

■ Close-up Column　Stephen Hawking（スティーブン・ホーキング）p.96

better は形容詞 good（良い）の比較級ですが、nothing（何もない）が主語となり、「than 以下が一番良い」という最上級の意味を表しています（→ p.120）。more は形容詞 much（量が多い）の比較級で、**more and more** が後ろの名詞 knowledge を修飾し、「ますますたくさんの知識」という意味を表しています。

**❹** Management is nothing more than motivating other people.

マネジメントとは、他の人々にやる気を出させることにすぎない。
Lee Iacocca　1924-2019　フォード・モーター社長

motivate：（動）〜に刺激を与える、〜にやる気を出させる

**nothing more than**（〜にすぎない）を使って、management（マネジメント、経営）は何か特別なことではなく、「人々のやる気を引き出すことでしかないのだ」と述べています。リー・アイアコッカは Motivation is everything.（やる気がすべてだ。）という言葉を残していることからも、企業経営においてやる気（動機づけ）を大切にしていたことがわかります。

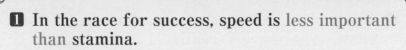

♪ 048

Section 6. 否定語を使った比較表現

**1** In the race for success, speed is less important than stamina.

成功を目指すレースでは、スピードはスタミナほど重要でない。

B. C. Forbes　1880-1954　『フォーブス』誌創刊者

## Key point　否定語を使った比較表現の違いを押さえよう

### ● 否定語を使った表現

次のように、not、less、no、nothing、least などの否定語を使った比較の表現もあります。どの否定語を用いるかによって意味が変わるので、違いを確認しましょう。

| | |
|---|---|
| A ... **less** ＋比較級＋ than B. | A は B ほど～でない →**1** |
| A ... **not as / so** ＋原級 ＋ as B. | A は B ほど～でない →**2** |
| A ... **no** ＋比較級＋ than B. | A は B ほどの～しかない（B と差がない） |
| A ... **the least** ＋原級 . | A は最も～でない |
| There is **no ＋比較級＋名詞**＋ than B. | B より～な△△はない →**3** |
| Nothing〔**No ＋名詞**〕... ＋比較級＋ than B. | B より～なものはない　 → p.119 の**3** |
| Nothing〔**No＋名詞**〕... as / so ＋原級＋as B. | B ほど～なものはない→**4** |

### ● 言い換え表現のニュアンスの違い

**1** は speed が stamina よりも **less important**（より重要でない）と述べています。この文は **more** important を使って言い換えることもできます。

**1** Speed is **less** important than stamina.

　a）Stamina is **more** important than speed.（スタミナはスピードより重要である。）

　この 2 文はほぼ同じ意味ですが、文の主役はあくまで主語 (S) であるため、まったく同じ内容を表すわけではありません。**1** は主語であるスピードに焦点を当て、「スピードは重要でない」ことを伝えます。一方、a）は、「（主語である）スタミナは重要だ」ということを伝える文です。このように、主語が変わると、文の主旨も変わります。

　また、**not as** important **as** を使って言い換えることもできます。これは肯定文の同等比較と同様に、B を基準に A について述べる表現です。B ＝スタミナの重要性が認知されていることが前提で、「A ＝スピードは、スタミナほどは重要でない」という表現になります。

　b）Speed is **not as** important **as** stamina.

**❷** Human nature is not nearly as bad as it has been thought to be.

人間の本性は考えられているほど悪いものでは決してない。

Abraham Maslow　1908-1970　アメリカの心理学者

not nearly：決して…ではない

**as** の後ろの **it** は **human nature** を指します。この文は、**human nature is ...**（人間の本性は…である）という現在の状態（現在形）と、**it has been thought to be ...**（それが…だと考えられてきた）という過去から現在までの状態（現在完了形）とを比較しています。そして **not as bad as** を用いて、**as** 以下ほど悪くないということを表しています。

**❸** There is no greater harm than that of time wasted.

時間の浪費ほど大きな害はない。

Michelangelo Buonarroti　1475-1564　ルネサンス期の彫刻家

**There is ~.** の文で、「〜が（完全に）ない」と否定する場合は、〈**no ＋名詞**〉が使われます。**There is no harm.** で「害はない」ですが、**greater** が **harm** を修飾し、**no greater harm than ~** で「〜より大きな害はない」という意味を表しています。**than** の後ろの **that** は、**harm** の代わりに使われています。最後の形容詞 **wasted** は、例外的に後ろから **time** を修飾しています。

**❹** Nothing is so admirable in politics as a short memory.

政治においては、忘れっぽいことほど素晴らしいことはない。

John K. Galbraith　1908-2006　アメリカの経済学者

short：（形）長く持続しない

**nothing** が主語となり、「…なことはない」という否定の意味を表しています。否定文では1つ目の **as** の代わりに **so** が使われることがあり、**❹** は〈**so ＋原級＋ as**〉の形で同等比較の否定を表しています。**a short memory**（記憶力が悪いこと）ほど **admirable**（素晴らしい）なことはないと、原級を使って最上級の意味を表しています。

# Bertrand Russell
（バートランド・ラッセル）

1872-1970　イギリスの哲学者、数学者、論理学者

「幸せになるためにはどうしたら良いか。」誰もが一度は考えたことのある問題ですが、それに1つの答えを出した人物がいます。イギリスの哲学者、数学者、論理学者であるバートランド・ラッセルです。彼の著書『幸福論』（原題：The Conquest of Happiness）は世界的名著として知られ、アランおよびカール・ヒルティのものとあわせて「三大幸福論」と呼ばれています。その中で彼は、自身の経験を基に考察し検証した「幸福になるためのヒント」を記しています。

## 幸福を「獲得」するには

『幸福論』の原題に使われている conquest とは「克服、征服」という意味です。彼は、幸福に生きるためには、ただ待っているのではなく、自ら獲得しようとすることが大切だと考えました。

そして、幸せになるために重要なのは「バランスをとること」だと訴え、「努力と諦め」の両方が大切だと述べています。本書の p.167 では「世の中は恐ろしいという事実を受け止めることで幸せになれる」という彼の言葉を紹介しています。また、人の活動についても、次のように中庸を説いています。

**It is impossible to be happy without activity, but it is also impossible to be happy if the activity is excessive or of a repulsive kind.**

活動せずに幸福になることは不可能だが、その活動が行き過ぎていたり、不快な種類のものでも幸福にはなれない。

excessive：（形）過剰な　repulsive：（形）非常に嫌な

また、自分の関心を外の世界へ向け、幅広いことに興味を持つことも推奨しました。1つのことに注力し過ぎず、さまざまなものに触れることが、幸せの秘訣だと述べています。

**The secret of happiness is this: let your interests be as wide as possible, and let your reactions to the things and persons that interest you be as far as possible friendly rather than hostile.**

幸福の秘訣はこうだ。できるだけ幅広いことに興味を持ち、あなたが興味を持つ物事や人に対して、敵意ではなく、できる限りの好意を持って応じるのだ。

let ～ be …：～が…であるようにする　as ～ as possible：できるだけ～

## 子どもが身につけるべきもの

さらに『幸福論』は、子育てに関しても言及しています。彼は子どもの頃に身につけるべきことについて、次のように述べています。

**The capacity to endure a more or less monotonous life is one which should be acquired in childhood.**

多少なりとも単調な生活に耐える能力は、子どもの頃に身につけるのが良い。

monotonous：（形）単調な、つまらない

そして、「今の親は、子どもに色々なものを与えすぎている」と注意を促しており、「子どもの頃の楽しみは、主には、ある程度の努力と創造力によって、自分の生活環境の中から子ども自身が引き出すのが良い」とも述べています。

実は彼はイギリスの貴族の家の生まれで、祖父は英国首相を二度務めたジョン・ラッセルです。しかし、幼い頃に両親が相次いで亡くなり、兄とともに祖父母に引き取られました。祖父もほどなくして亡くなり、清教徒の祖母に厳しく育てられました。使用人が8人もいたそうですが、ぜいたくをすることはなく、食事もとても質素でした。毎朝8時にお祈り。1年中冷水浴で、毎朝30分ピアノの練習。冬でも暖炉に火を灯す前に練習させられました。子どもの頃は、ごちそうを食べることも、行事を楽しむこともなく、質素に規律正しく暮らしました。上記のような考えには、自身の生い立ちも影響していると言えるでしょう。

## 哲学者、数学者、論理学者、平和運動家として

　ここまでは彼の『幸福論』に焦点を当ててきましたが、ラッセルは哲学、数理哲学、数学、教育、文化、政治、結婚など、さまざまなテーマに関する著書を多く残し、1950年にはノーベル文学賞を受賞しています。また、熱心な平和運動家でもあった彼は、その活動のため生涯に二度投獄されています。1955年にはアインシュタインとともに「ラッセル＝アインシュタイン宣言」を発表。この訴えが、核兵器廃絶運動が世界に広がるきっかけとなりました。その後も97歳で亡くなるまで、反戦運動を行ったり、原水爆禁止運動の指導者の1人として活動を続けるなど、平和運動に打ち込みました。

　ここでは紹介しきれないほど多方面で名を残すラッセルですが、「20世紀最高の知性の1人」と称される彼の著書を読んでみる価値はあるでしょう。

バートランド・ラッセルの名言 → p.167

# Z会の語学書

速読速聴・英単語
Business 1200 ver.2

名言英文法

---

**1冊で5つの力が身につく"一石五鳥"の**
# ロングセラー単語集シリーズ

### 速読速聴・英単語
## Basic 2400 ver.3

**初級** ISBN 978-4-86290-161-3
価格（税込）**2,090円** CD

▶中学レベルの単語や、学校では教わらないネイティブの日常会話で頻出の単語を収録。

### 速読速聴・英単語
## Daily 1500 ver.3

**初中級** ISBN 978-4-86290-186-6
価格（税込）**2,090円** CD DL

▶日常に密着した英文をバランスよく掲載。インプットとアウトプットの両方に役立ちます。

### 速読速聴・英単語
## Core 1900 ver.5

**中級** ISBN 978-4-86290-241-2
価格（税込）**2,090円** CD DL

▶シリーズNo.1人気！ ニュース英語を読み聴き、総合的な英語力と時事知識をマスター。

### 速読速聴・英単語
## Opinion 1100 ver.2

**中級** ISBN 978-4-86290-212-2
価格（税込）**2,200円** CD

▶単語・熟語だけでなく、「発信」に役立つ表現、「発信」につなげる力を習得できます。

### 速読速聴・英単語 2021年4月改訂
## Business 1200 ver.2

**中上級** ISBN 978-4-86290-355-6
価格（税込）**2,530円** DL

▶ビジネスで重要な1200語を収録。英語でビジネスを学びたい方に。

### 速読速聴・英単語
## Advanced 1100 ver.5

**上級** ISBN 978-4-86290-317-4
価格（税込）**2,530円** DL

▶重要語が繰り返し登場する43本の多彩な英文を読み、聴き、上級語彙を身につける。

# Z会の語学書
## レベル・習得スキル・分野チャート

（レベル

TOEIC®テス
TOEFL®テス
英検

### TOEIC®L&R TEST対策 シリーズ

| 書名 | 初級 | 初中級 | 中級 | 中上級 | 上級 | 単語・熟語 |
|---|---|---|---|---|---|---|
| はじめて受ける TOEIC® L&R TEST 600点攻略完全パッケージ | | ◎ | | | | |
| TOEIC® L&R TEST 730点攻略完全パッケージ | | ○ | ◎ | | | |
| TOEIC® L&R TEST 900点攻略完全パッケージ | | | | ○ | ◎ | |
| TOEIC® L&R TEST Part 1・2のアプローチ | | ○ | ◎ | | | |
| TOEIC® L&R TEST Part 3・4のアプローチ | | ○ | ◎ | | | |
| TOEIC® L&R TEST Part 5のアプローチ | | ○ | ◎ | | | |
| TOEIC® L&R TEST Part 6・7のアプローチ | | ○ | ◎ | | | |
| 分析! 解決! TOEIC®テスト模試! | | ○ | ◎ | ○ | | |
| TOEIC® TEST 速読速聴・英単語 STANDARD 1800 ver.2 | | ○ | ◎ | | | ◎ |
| TOEIC® TEST 速読速聴・英単語 GLOBAL 900 ver.2 | | | | ○ | ◎ | ◎ |

### TOEFL®TEST対策 シリーズ

| 書名 | 初級 | 初中級 | 中級 | 中上級 | 上級 | 単語・熟語 |
|---|---|---|---|---|---|---|
| 英単語4000 受験英語からのTOEFL®Test | | ○ | ○ | ○ | ○ | ◎ |
| TOEFL iBT® TEST 入門完全パッケージ | | ◎ | ○ | | | ○ |
| はじめて受けるTOEFL®TEST チャレンジ模試 | | ○ | ◎ | ○ | ○ | |
| TOEFL iBT® TEST リーディングのエッセンス | | | ○ | ◎ | | |
| TOEFL iBT® TEST リスニングのエッセンス | | | ○ | ◎ | | |
| TOEFL iBT® TEST スピーキングのエッセンス | | | ○ | ◎ | | |
| TOEFL iBT® TEST ライティングのエッセンス | | | ○ | ◎ | | |

### ビジネス英語 シリーズ

| 書名 | 初級 | 初中級 | 中級 | 中上級 | 上級 | 単語・熟語 |
|---|---|---|---|---|---|---|
| 名言英文法 | | ◎ | ○ | | | |
| 英会話Quick Response | | ◎ | ○ | | | |
| 英文ビジネスEメール 実例・表現1200[改訂版] | | ◎ | ○ | | | |
| ビジネス英語を磨く 英文法 Smart Reference | | ◎ | ○ | | | |
| 実践ビジネス英会話 コミュニケーションを広げる12フレーム | | | ◎ | | | |
| ビジネス英語 Word Choice[類語・類似表現700] | | ◎ | ○ | | | ◎ |

| 説明 | 初級 CEFR A1~A2 | 初中級 CEFR A2~B1 | 中級 CEFR B1 | 中上級 CEFR B2 | 上級 CEFR C1 |
|---|---|---|---|---|---|
| 目指すなら | 500点台 | 500~700点台 | 600~800点台 | 700~900点台 | 900点台 |
| 目指すなら | – | iBT42~71 | iBT61~80 | iBT72~100 | iBT95~120 |
| 目指すなら | 3級~準2級 | 準2級~2級 | 2級~準1級 | 準1級~1級 | 1級 |

| 習得スキル | | | | 分野 | | | | |
|---|---|---|---|---|---|---|---|---|
| リーディング | リスニング | スピーキング | ライティング | TOEIC | TOEFL | ビジネス | 日常 | 教養 |
| | ◎ | | | ◎ | | | | |
| ○ | ◎ | | | ◎ | | | | |
| ○ | ◎ | | | ◎ | | | | |
| | ◎ | | | ◎ | | | | |
| | ◎ | | | ◎ | | | | |
| ○ | | | | ◎ | | | | |
| ○ | | | | ◎ | | | | |
| ○ | ◎ | | | ◎ | | | | |
| ○ | ◎ | ○ | ○ | ◎ | | ○ | | |
| ○ | ◎ | ○ | ○ | ◎ | | ○ | | |

| 習得スキル | | | | 分野 | | | | |
|---|---|---|---|---|---|---|---|---|
| リーディング | リスニング | スピーキング | ライティング | TOEIC | TOEFL | ビジネス | 日常 | 教養 |
| ○ | ○ | | | | ◎ | | | |
| ◎ | ◎ | ◎ | ◎ | | ◎ | | | |
| ◎ | ◎ | ◎ | ◎ | | ◎ | | | |
| ○ | ○ | | | | ◎ | | | |
| | | ◎ | | | ◎ | | | |
| | ○ | ○ | | | ◎ | | | |
| | | | ◎ | | ◎ | | | |

| 習得スキル | | | | 分野 | | | | |
|---|---|---|---|---|---|---|---|---|
| リーディング | リスニング | スピーキング | ライティング | TOEIC | TOEFL | ビジネス | 日常 | 教養 |
| ○ | | | | | | | ○ | ◎ |
| | ◎ | ◎ | | | | ◎ | | |
| | | | ◎ | | | ◎ | | |
| | | ◎ | ◎ | ○ | | ◎ | | |
| | ◎ | ◎ | | | | ◎ | | |
| | | ◎ | ◎ | | | ◎ | | |

# Part 2 Chapter 6

## 助動詞

助動詞は文字通り**「動詞を助ける」**働きをし、**動詞の原形の前に置く**ことで、動詞だけでは表せないさまざまな情報を加えることができます。具体的には、能力・可能性・義務や話し手の意志・感情を伝えたり、丁寧さを調整したりすることができます。

**多くの助動詞は複数の意味を持っています。**例えば can は「…できる」の他に「…であり得る」などの意味があります。また、must のように、意味によって過去時制の表し方が変わる場合もあるので、1つ1つの意味に注意して、使い方を押さえましょう。

例）**義務**を表す must の過去形：**had to**（…しなければならなかった）

　　**確信**を表す must の過去形：**must have** ＋過去分詞（*done*）

　　　　　　　　　　　　　　　（…だったに違いない）

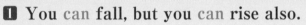

> **１ You can fall, but you can rise also.**
> つまずくこともあるでしょう、でも立ち上がることもできるわ。
> Angélique Kidjo 1960- 歌手、ユニセフ親善大使

## Key point 助動詞の多くは、複数の意味を持つことに注意

### ● 可能性を表す助動詞

ある出来事が起こる可能性についての推量は、次の助動詞を使って表すことができます。肯定文、疑問文などの文の種類によって、使う助動詞が異なる点にも注意しましょう。

| 特定の場合の可能性 (上から可能性の高い順) | must | …に違いない ※疑問文・否定文では can(not) を用いる。 |
|---|---|---|
| | will | …する（だろう） |
| | would | おそらく…だろう |
| | may〔might〕 | …かもしれない ※疑問文は might のみを用いる。 |
| | could | ひょっとすると…かもしれない |
| 理論上の可能性 | can | 理論上…であり得る |

**可能性を表す助動詞を過去形にすると、現在形よりも確信度が下がります**。例えば will は「ほぼ確実に…だろう〔である〕」という意味を表しますが、過去形 would にすると「おそらく…だろう」と確信度が下がります。注意すべき点として、これらの過去形の表現はいずれも「時間的な過去」を表しているわけではありません。過去の可能性を表す表現は、Section 4 を参照してください。

### ● can のさまざまな意味

can は He can run fast.（彼は速く走ることができます。）のように人やものの**「能力」**を表したり、周囲の状況や事情によって**「可能」**であることを表します。また、上記の表にある通り、can は**「理論上の可能性」**を表すこともあります。これは、**「一般的に言って、時にはそのようなこともあり得る」**という意味です。具体的に見てみましょう。

**１**の主語 you は特定の「あなた」ではなく、「このメッセージを受け取る人全般」を指します。you can fall は「時にはつまずく〔失敗する〕こともある」という意味で、これは理論上の可能性を表しています。一方、you can rise also は「立ち上がることもできる」という意味で、「能力」あるいは「可能」ととることができます。

なお、**特定の場合の可能性**については can を使うことはできません。次の a）はプロジェクトというもの全般について述べているため can を使いますが、b）は特定の具体的なプロジェクトについて述べているため、may あるいは might、could などを使います。

  a）A project **can** end in failure.（プロジェクトは失敗に終わる**こともある**。）

  b）This project **may** end in failure.（このプロジェクトは失敗に終わる**かもしれない**。）

### ● can と be able to

**be able to** という表現も、能力・可能を表す can とほぼ同じ意味を表します。ややかたい表現で、会話では can のほうがよく使われます。

ただし、過去時制では明確な使い分けがあります。could は「…する能力があった」という意味で、ある行為について「実際に…できた」という意味を表すことができません。例えば「学生時代は中国語が読めた」のような能力は could、was / were able to のいずれでも表現できますが、「昨日は早めに帰宅できた」のような**1回きりの行為や出来事は was / were able to を使います**。なお、「…できなかった」という否定文ではどちらも使うことができます。

### ● will のさまざまな意味

will は「…する（だろう）」という未来時制（＝単純未来）や、可能性の推量にも使われますが、**話し手の意志**（＝意志未来）を表すこともあります。この場合、**主語は1人称（I または we）**で、「**…しよう**」という意味を表します。過去形 would にすると、話し手の意志をやわらげた表現になります。

6

助動詞

> **2** Being honest may not get you many friends but it'll always get you the right ones.
>
> 正直者でいると、たくさんの友達はできないかもしれない。でもそうすることで、常に真の友達を得られるだろう。
>
>     John Lennon　1940-1980　ロックバンド The Beatles のリーダー

but の前後の2つの節はどちらも第4文型（SVOO）で、〈get ＋人＋もの〉は「人にものを入手してやる〔もたらす〕」という意味です。主語 being honest（正直でいること）は、後ろの節では it に言い換えられています。前半の節は **may** を使い、many friends（たくさんの友達）をもたらす可能性が低いことを伝えています。一方、後半の節ではより可能性の高い **will** を使い、ほぼ確実に the right ones（真の友達）をもたらすと述べています。なお、最後の代名詞 ones は、前述の名詞 friends の代わりに使われています（→ p.156）。

**❸ A good hearty laugh would help more than ten Valerian pills.**

薬を 10 錠飲むよりも、心から笑ったほうが、きっと効果があるはずよ。

Anne Frank　1929-1945　『アンネの日記』を残したユダヤ系の少女

Valerian：カノコソウ（根を鎮痛薬として用いる生薬の名）　pill：(名) 錠剤

過去形 **would** を使って「おそらく効果があるだろう」と述べています。助動詞の現在形 will を使うよりも確信度を下げた表現です。ちなみに、A good hearty laugh **helps** ... と動詞の現在形を使うと、「効果がある」と will よりも強く言い切る表現になります。

**❹ The way to love anything is to realize that it might be lost.**

何かを愛するということは、それを失う可能性に気づくことである。

Gilbert K. Chesterton　1874-1936　イギリスの作家、評論家

この文は第2文型（SVC）で、The way ... is to realize ... という構造になっています。主語 the way を to love anything が修飾しています。補語の to realize ... は名詞の役割をする to 不定詞で、that 以下が realize の目的語です。代名詞 it は 前述の anything（何か）を指し、「失う」のではなく「失われる」ものなので、受動態（p.141）になっています。**might** を使うことで、「もしかしたら失うかもしれない」という低い可能性を表しています。

**❺ I can accept failure. But I can't accept not trying.**

失敗を受け入れることはできる。でも、挑戦しないことを受け入れることはできない。

Michael Jordan　1963-　元プロバスケットボール選手

**can** にはさまざまな意味がありますが、ここでは **can〔can't〕**が、failure（失敗）と not trying（挑戦しないこと）を受け入れることが「可能」かどうかを表しています。たとえ失敗しても挑戦し続けようとするマイケル・ジョーダンの強い向上心がうかがえます。

128

**6** When I was the same age as those children, I was able to sketch like Raphael. However, it took me a lifetime to learn how to sketch like those children.

私はあの子どもたちと同じ年頃には、ラファエロのように素描することができた。けれども、あの子どもたちのように素描するやり方を身につけるのには、一生かかった。

Pablo Picasso　1881-1973　20 世紀最大の画家

take ＋人＋時間＋ to *do*：人が…するのに～（時間）かかる

　When から始まる従属節で「あの子どもたちと同じ年齢だった時」という過去の時点を表し、その時点でできたことを主節の **was able to** で表しています。幼い頃からすでにルネサンス期の巨匠ラファエロのように素描（デッサン）する技術を身につけていたとしても、子どものように純粋あるいは無邪気に描くことの難しさをピカソは感じていたのかもしれません。

**7** I will prepare and some day my chance will come.

準備をしておこう。チャンスはいつの日かやって来る。

Abraham Lincoln　1809-1865　第 16 代アメリカ合衆国大統領

　1つ目の **will** は「…しよう」という話し手（＝リンカーン）の意志を伝えています。この意味では、通例1人称の **I** や **we** を主語にします。2つ目の **will** は、3人称の **my chance** を主語にして、「チャンスはきっとやって来る（だろう）」という可能性を伝えています。

> **❶ You cannot lower the mountain, so you must raise yourself.**
> 山を低くすることはできない。だから自分を高めなければならないのさ。
>
> Todd Skinner　1958-2006　フリークライミングの第一人者

lower：（動）〜を低くする　raise：（動）〜を上げる

## Key point　義務・必要を表す助動詞の使い分けに注意

義務・必要を表す助動詞の違いを押さえましょう。

| must | 主観的な義務・必要性 | …しなければならない　過去時制：**had to** |
|---|---|---|
| **have to** | 客観的な義務・必要性 | …しなければならない　過去時制：**had to** |
| should | やわらかい義務・提案 | …したほうが〔すると〕良い |
| | | 過去時制：**should have ＋過去分詞** |
| shall | 申し出・提案 | 〔疑問〕…しましょうか |
| | 公的な義務 | 〔限定的〕…するものとする |

### ● must と have to の違い

**must** は話し手が主観的に「…すべきだ」と考えていることを表します。**❶** はフリークライマーのトッド・スキナーが自身の信念として「自分を高めなければならない」と考えており、彼の考える義務・必要性を **must** で表しています。

一方、**have to** が表すのは、「明日は8時に出社しなければならない」のような、事情や背景があって、状況的にそうする必要があるという、より客観的な義務です。**must** は「絶対…しなければならない」という強い響きがあり、かたい印象を与えるため、会話では have to が好まれます。また、いずれも過去時制は **had to** で表します。

### ● アドバイスを表す should

**should** は、常識に照らした判断や義務を伝えたり、比較的穏やかに忠告・助言したりする際に使います。助言の場合、I think などを用いて語調を弱めることが多いです。
例）I think you **should** call her now. （今すぐ彼女に電話**したほうが良い**と思います。）

### ● shall の表す意味

なお、**shall** は Shall I …? （私が…しましょうか。）や Shall we …? （一緒に…しませんか。）のような相手の意向を尋ねる疑問文で使われますが、日常会話ではあまり使われません。また、法律・規則などの条文で「…するものとする」という義務を表します。

**2 Mankind must put an end to war, or war will put an end to mankind.**

人類は戦争に終わりをもたらさなければならない。さもないと、戦争が人類に終わりをもたらすだろう。

John F. Kennedy　1917-1963　第 35 代アメリカ合衆国大統領

mankind：（名）人類　　put an end to：〜に終わりをもたらす

**2**はジョン・F・ケネディが「絶対に…すべきだ」と考えていることを表しています。強い響きのある **must** を使って述べることで、確固とした決意・強い警告を伝えています。or（さもなければ）で結ばれた両方の節で put an end to というフレーズを使い、主語と前置詞 to の目的語（mankind と war）を逆転させています。これにより、状況次第で立場が逆になってしまうというメッセージが強調されています。

**3 If you want to be inventive, you have to be willing to fail.**

独創的になりたいのなら、失敗もいとわないという心構えをしなければいけない。

Jeff Bezos　1964-　Amazon の共同創業者

inventive：（形）独創的な、発明の才のある

前半の if 節は「もし独創的になりたいのなら」という条件を表しています。be willing to *do* には「（条件によっては）…しても構わない、…するのをいとわない」という意味があります。主節では、主観的で強い響きを持つ must ではなく、**have to** が使われています。ジェフ・ベゾスは、自分あるいは周囲の人の経験から客観的に判断して、たとえ失敗しても構わないという気概がなければ、人は独創的にはなれないのだと考えたのでしょう。

**4 You have to be unique, and different, and shine in your own way.**

独特で、誰とも違って、そして自分なりのやり方で輝かなくちゃ。

Lady Gaga　1986-　アーティスト、女優、活動家

in *one's* own way：独自のやり方で

主語 you はこの言葉を受け取る相手全般を表し、改まった響きのない **have to** を使ってメッセージを伝えています。前半は第 2 文型（SVC）で、述語動詞 **have to** be、補語 unique, and different（独特で、他と違って）から成っています。後半の節は you have to shine ... という第1文型（SV）ですが、前の節と共通する主語 you と have to は省略されています。自分らしさを何よりも大切にして輝き続ける彼女らしい名言です。

---

## ⑤ A business has to be involving, it has to be fun, and it has to exercise your creative instincts.

ビジネスはあなたを熱中させるものでなくてはならない。楽しいものでなくてはならない。そして創造的直観を鍛えるものでなくてはならない。

Richard Branson　1950-　ヴァージン・グループ創業者

---

involving：（形）人を没頭させる　exercise：（動）〜を働かせる

　3つの節がコンマと and で結ばれており、すべて主語は a business（=it）です。主語が3人称単数で時制が現在なので、have to ではなく has to が使われています。前半の2つの節は第2文型（SVC）で、動詞 be の後に involving と fun がそれぞれ続き、補語の役割をしています。最後の節は第3文型（SVO）で、your creative instincts（創造的な直観）が exercise の目的語として「何を」鍛えるかを示しています。

---

## ⑥ We should seek the greatest value of our action.

私たちは、自らの行動の価値を最大化しようと努力するのが良いでしょう。
（直訳：私たちは、自分の行動の最大の価値を得ようとするのが良いでしょう。）
Stephen Hawking　1942-2018　イギリス生まれの「車いすの物理学者」

---

☰Close-up Column Stephen Hawking（スティーブン・ホーキング）p.96

　should は must のように「絶対…すべきだ」と相手に強制する意味合いはなく、「…したほうが良い」とアドバイスしたり、「…すると良い」と提案したりする際に使います。⑥は第3文型（SVO）で、述語動詞が should seek、目的語が the greatest value of our action です。seek には「〜を探し求める、〜を得ようとする」という意味があります。英・ガーディアン紙のインタビューにて、「人は自分の人生をどのように生きるのが良いか」と聞かれた際のホーキング氏の返答です。

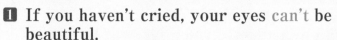

❶ **If you haven't cried, your eyes can't be beautiful.**

これまでに涙を流したことがないなら、あなたの目は美しいはずがないわ。

Sophia Loren　1934-　イタリアの女優

## Key point　それぞれの助動詞の否定の意味を確認

### ● 可能性を表す助動詞の否定

以下は、可能性を表す助動詞の否定の意味です。なお、それぞれの助動詞の過去形は、現在形よりも確信度が低くなります。

| will〔would〕not | …ではないでしょう |
|---|---|
| may〔might〕not | …ではないかもしれない |
| cannot〔could not〕 | …であるはずがない |

p.126 で can が「理論上…であり得る」という意味を持つことを確認しましたが、否定形 cannot は「絶対に…であるはずがない」と可能性を強く否定する表現になります。❶ は If you haven't cried（これまでに泣いたことがなければ）という条件節に続いて、主節の **can't** が「…であるはずがない」という強いメッセージを伝えています。過去形 could not を使うとよりやわらかい表現になります。

なお、反対に、肯定文で「…に違いない」という強い確信を表す際は、p.126 の表にある通り must を使います。

例）That **cannot** be true.（それが本当であるはずがありません。）
　　That **must** be true.（それは本当に違いありません。）

### ● 義務・必要を表す助動詞の否定

以下は、義務・必要を表す助動詞の否定の意味です。must と have to は、肯定文では近い意味で用いられますが、否定文ではそれぞれ別の意味を表すことに注意しましょう。

| must not | 禁止 | …してはならない |
|---|---|---|
| do not〔don't〕have to | 不必要 | …しなくても良い |
| cannot | 不許可・禁止 | …してはならない |
| should not | やわらかい義務・提案 | …しないほうが良い |

6

助動詞

## 2 Look for opportunity. You can't wait for it to knock on the door... you might not be home.

チャンスを探し求めなさい。チャンスがドアをノックするのを待っていてはいけないのです。…その時あなたが家にいないことだってあるかもしれないのだから。

Jinger Heath　1953-　BeautiControl Cosmetics 創業者

wait for ～ to *do*：～が…するのを待つ

2文目の前半の節は、**can't** で「不許可・禁止」を表し、「チャンスがドアをノックするのを待っていてはいけない」と述べています。そして後ろの節で、その理由として **you might not be home**（あなたは家にいないかもしれない）という可能性について述べています。なお、**wait for it** の **it** は、前述の名詞 **opportunity** の代わりに使われています。

## 3 When you are right, you cannot be too radical; when you are wrong, you cannot be too conservative.

自分が正しい時は、過激になり過ぎてはならない。自分が間違っている時は、保守的になり過ぎてはならない。

Martin Luther King, Jr.　1929-1968　牧師、公民権運動家

radical：（形）過激な、徹底的な　conservative：（形）保守的な、控えめな

3 の **cannot** も「不許可・禁止」を表しています。セミコロン（;）は等位接続詞の代わりに使われ、「～の時は…してはいけない」という2つの節をつなげています。前の節は right（正しい）の時は radical（過激な）になり過ぎてはいけない、後ろの節は wrong（間違って）の時は conservative（保守的な）になり過ぎてはいけないと対比しています。意見を主張したり物事を議論したりする際に、肝に銘じておきたい名言です。

## 4 Scholars should not study so much that they have no time to think.

学者というのは、考える時間がなくなるほど研究しないほうが良い。

Anonymous（作者不詳）

「…しないほうが良い」というアドバイスを、**should not** を使って表しています。〈so much that ...〉は「that 以下なほどたくさん」という程度を表します。学者とは研究するもの

なのに、「学者は研究しないほうが良い」と文が始まるので一瞬戸惑いますが、最後まで読むと納得できます。単に Scholars should have time to think.（学者は考える時間を持ったほうが良い。）などと言うよりも、学者にとって考える時間が大切であることが強く印象に残ります。

---

**⑤ We may encounter many defeats but we must not be defeated.**

私たちは多くの敗北を喫するかもしれません。でも、打ち負かされてはいけないのです。　　　　　　　　Maya Angelou　1928-2014　詩人、作家、公民権運動家

---

encounter：（動）〜に出くわす

　defeat には名詞で「敗北」という意味と、他動詞で「〜を負かす」という意味があります。前半の節では「敗北」に出くわす可能性があることを may で表し、後ろの節では must not で「負かされてはいけない」という強い禁止を表しています。主語 we は「負かされる」ので、must not の後は be defeated と受動態になっています。

---

**⑥ Take the first step in faith. You don't have to see the whole staircase, just take the first step.**

信じて最初の一歩を踏み出しなさい。階段全体が見えていなくても良い。とにかく最初の一歩を踏み出しなさい。

Martin Luther King, Jr.　1929-1968　牧師、公民権運動家

---

in faith：信じて、疑いもなく

　２文目はする必要のないことを don't have to（…しなくても良い）で表しています。〈the whole ＋名詞〉で「〜全体、すべての〜」という意味で、see the whole staircase（階段全体を見る）は、成し遂げようとする物事の全体像を見通すことを表した比喩です。取り組む前からあれこれ考えすぎず、まず信じて行動してみることの大切さを伝えています。

> **❶ Of all sad words of tongue or pen, the saddest are these: "It might have been!"**
> 口にする言葉であれ、ペンで書く言葉であれ、最も悲しいのは「…だったかもしれないのに！」という言葉である。　John G. Whittier　1807-1892　アメリカの詩人

tongue：（名）口語の言葉、言葉遣い　pen：（名）文体、著述

## Key point　過去の推量や後悔を表す

### ● 過去についての推量

　過去の行為や出来事の可能性について振り返る場合、以下のように **〈助動詞＋ have ＋過去分詞 (done)〉** の形で表します。ほとんどの場合、may → might のように **助動詞を過去形にしても、時制が過去になるわけではない** ので注意が必要です。

| | |
|---|---|
| must have ＋過去分詞 | …だったに違いない |
| may〔might〕have ＋過去分詞 | …だったかもしれない |
| should have ＋過去分詞 | …したはずだ |
| could have ＋過去分詞 | …した可能性がある<br>※この意味では普通 can は使わない。 |
| Can〔Could〕have ＋過去分詞 …? | …したということがあるだろうか（強い疑問） |
| cannot〔could not〕have ＋過去分詞 | …したはずがない（強い否定） |

　**❶** は最上級の文で、「〜の中で」という範囲を表す of all ... or pen が、強調のため文頭に置かれています。コロンの後の **might have been** は過去の出来事についての推量を表しています。本来は第２文型（SVC）の補語があるはずですが、ここではそれがなく、「…だったかもしれないのに」という後悔の言葉として使われています。

### ● 過去についての後悔や非難

　以下は、「実際はそうではなかったけれど」という意味が含まれた表現です。過去についての後悔や非難を表す際によく使われます。

| | |
|---|---|
| could ＋ have ＋過去分詞 | …できたのに（しなかった） |
| should ＋ have ＋過去分詞 | …するはずだったのに（しなかった） |
| | …したほうが良かったのに（しなかった） |

例）I **should have done** that.（そうすべきだったのに（しなかった）。）
　　I **should <u>not</u> have done** that.（そうすべきではなかったのに（した）。）

## 2 History is the sum total of the things that could have been avoided.

歴史とは、ひょっとしたら避けられたかもしれない出来事の総和である。

Konrad Adenauer　1876-1967　ドイツ連邦共和国の初代首相

sum total：合計

　第2文型（SVC）で、the sum total 以下が補語の役割をしています。that 以下は関係詞節で、the things を修飾しています（p.188）。could have been avoided は「避けられたかもしれない（が実際には避けられなかった）」という意味です。the things は「避ける」のではなく「避けられる」ものなので、been avoided と受動態になっています。

## 3 I should have been dead a long time ago, but I am still here, and I'm the happiest I've ever been.

とうに死んでいたはずですが、今もまだこうしてここにいます。私は今、かつてないほど最高に幸せです。　Etta James　1938-2012　ブルース・R&B シンガー

6

助動詞

　should have been dead は、「死んでいたはずだった（のに、生きている）」という実際とは異なる過去の推量を表しています。〈should ＋ have ＋過去分詞〉は「…したほうが良かったのに」という意味もありますが、but 以下の内容から、後悔ではなく推量の意味だと判断できます。and 以下は最上級の表現で、I've ever been（これまで…だった中で）が比較する範囲を示しています。

# Steve Jobs
（スティーブ・ジョブズ）

1955-2011　Apple の共同創業者

## シンプルさを追求した思考

Apple の創業者の１人であるスティーブ・ジョブズは、クリエイティブな発想で世界を変えるヒット製品を次々と生み出し、世界屈指のビジネスリーダーとして活躍しました。多くの人の心をつかんだプレゼンやスピーチは、もはや伝説として語られています。

また、ジョブズと言えば黒のタートルネックとジーンズにスニーカーというシンプルな服装もお馴染みですね。彼はこれを自分のユニフォームとしていつも身につけていました。これは日本の会社を訪問した際、皆が同じ制服を着ているのを目にしたのがきっかけと言われています。制服を会社と従業員をつなぐものとして Apple にも導入したいと考えましたが、周囲の賛同を得られず、自らに取り入れました。

シンプルさを大切にした彼らしい選択ですが、そうした思考の背景として、禅に多大な影響を受けていたこともよく知られています。その集中力と創造性を維持するために、禅の理念が役立っていたことは想像に難くありません。彼の次の言葉は、余計なものをそぎ落とし、本質と向き合うことの大切さに気づかせてくれます。

**Simple can be harder than complex. You have to work hard to get your thinking clean to make it simple. But it's worth it in the end because once you get there, you can move mountains.**

シンプルであることは、時に複雑であることよりも難しいものです。物事をシンプルにするには、曇りのない思考をするために懸命に努力しなければなりません。しかし、最終的にはそれだけの価値はあります。なぜなら、ひとたびそこに到達すれば、山をも動かせるからです。

# 点と点がつながると信じて

　数多くの名言を残しているジョブズですが、中でも自らの生い立ちや人生観を語った、米スタンフォード大学の卒業式でのスピーチが有名です。彼を育てた養父母は、生みの母親との約束通り、彼を大学へ入学させますが、高額の授業料を払ってもらいながら学ぶ価値が見出せないという理由で半年後に退学してしまいます。彼はそのことを「自分が人生で下した最も正しい決断だった」と語っています。

　彼が通っていたリード大学には、おそらく当時のアメリカで最も優れたカリグラフィー（文字を美しく見せるための手法）の講義があり、それに興味を持った彼は退学後、そのクラスに潜り込んだのです。それがいずれ役に立つと考えての行動ではありませんでしたが、10年後に最初のマッキントッシュ（Mac）を設計していた時、この知識がよみがえり、美しいフォントを持つコンピューターが誕生しました。

　また、その後彼は自分が創業したAppleを辞めさせられますが、そのことについては「人生で最も幸運な出来事」と評しています。「人間万事塞翁が馬」という言葉の通り、人生の幸不幸は後になってみなければわかりません。彼はそれを次のように表現しています。

> **Again, you can't connect the dots looking forward; you can only connect them looking backwards. So you have to trust that the dots will somehow connect in your future. You have to trust in something — your gut, destiny, life, karma, whatever.**
>
> 繰り返しますが、将来を見据えて点と点をつなぐことはできません。できるのは、後からつなぐことだけです。だから、私たちはいずれ何らかの形で点と点がつながるだろうと信じるしかないのです。直観、運命、人生、カルマ…、何にせよ、私たちは何かを信じなければならないのです。

　誰もが彼のようにエネルギッシュに生きられるわけではありませんが、物事の本質を見失いそうな時、進むべき道に迷った時、彼の言葉から多くの気づきを得ることができます。

スティーブ・ジョブズの名言 → p.46, 210, 222, 224

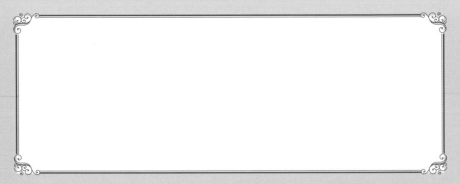

お気に入りの名言を書き込みましょう

# Part 2 Chapter 7

## 受動態

　動作を受ける人やものを主語にした「…される」という文の形を**受動態**と言います。それに対し、動作をする人やものを主語にした「…する」という文の形を**能動態**と言います。能動態の文の目的語 (O)、つまり動作の対象になる語句が、受動態の文の主語 (S) になります。

例）Many people visit the city.（能動態）

　　→ The city **is visited** by many people.（受動態）

　受動態は通例〈**be 動詞＋過去分詞（**done**）**〉の形で、主語と時制によって be 動詞を使い分けます。**受動態を使うほうが良い場面はある程度限られており、それ以外は能動態を使います**。互いに言い換えられるからといって、受動態と能動態は**まったく同じ意味合いを表すわけではありません**。それぞれのニュアンスの違いも確認しましょう。

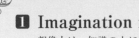

> ## ❶ Imagination is built upon knowledge.
> 想像力は、知識の上に築かれるものである。
>
> Elizabeth Stuart Phelps Ward　1844-1911　アメリカの女性作家

## ┊ Key point　受動態が使われるケースを確認

**受動態と能動態は、文の話題の中心である主語 (S) に何を置くかによって使い分けます。**受動態は主に以下のような場合に使われます。それ以外は普通、能動態を使います。

### ● 受動態が使われるケース

**❶ 動作を受ける人やものに焦点が当たる場合**

❶は動作を行う人ではなく、**話題の中心である imagination（想像力）を主語にした受動態**で述べられています。<u>People build</u> imagination upon knowledge. のような能動態にすると「**人は**知識という土台の上に想像力**を築く**」という意味の文になり、動作をする「人」に焦点が当たるため、まったく同じ意味合いを表すわけではありません。

なお、❶は**動作を行うのは「（特定の人ではなく）人全般」であることが明らかなので、by people などは示されていません。**同様に、動作を行う人やものが明確でない場合や、あえて言う必要がない場合も〈by ＋動作主〉は示されません。

**❷ 現在の状態や結果に焦点が当たる場合**

他にも次のように、**動作を受ける人やものの現在の状態や、動作を受けた結果に焦点が当たっている場合**、受動態が使われます。

例）<u>Tom broke</u> the window.　※トムが割ったことに焦点。

<u>The window is broken</u>.

※窓が割れている状態・窓が割れたという結果に焦点。誰が割ったかは不明、または言う必要がない。

**❸ 既出の人やものを主語にする場合**

**一度話題にのぼった人やものを主語 (S) にする**ために、受動態を使うことがあります。これは、話の展開として「既知情報→新情報」の順番で話すと理解しやすいためです。

例えば、ある建築物について話している時に、その設計者について補足する場合について考えてみましょう。1文目に続くのは次の a) と b) のどちらが自然でしょうか。

I heard about a famous building. Look at this picture.

（ある有名な建築物について聞きました。この写真を見てください。）

a) A famous architect designed it.

　（ある有名な建築家が、それを設計しました。）

b) It was designed by a famous architect.

　（それは有名な建築家によって設計されました。）

　この場合、すでに話題にのぼった it（= a famous building）を主語にした b）の受動態の文が自然です。a）のような能動態でも間違いではありませんが、これまでに話題にのぼっていない a famous architect で文が始まるため、やや唐突な感じがします。また、建築物自体ではなく、その設計者についての話に移ったような印象を与えます。このように、話の主軸によって主語が決まり、それによって態が決まります。

## ● 受動態の語順

　第4文型の文を受動態にする場合の語順を確認しましょう。第3文型（SVO）の場合、目的語 (O) を主語にして〈be 動詞＋過去分詞〉を続けますが、第4文型（SVOO）の場合、2つある目的語のうち、1つを主語にし、もう1つは元の位置に残します。

【第3文型】A famous architect designed it.
　　　　　　　　　　S　　　　　　V　　O

　　　→ It was designed by a famous architect.

【第4文型】The company offered me an attractive job.
　　　　　　　　　　S　　　　　V　　O　　　O

　　　→ I was offered an attractive job by the company.

　　　（私はその会社に魅力的な仕事を提示されました。）

## 2 Great companies are built on great products.

素晴らしい企業は、素晴らしい製品の上に築かれている。

Elon Musk　1971-　テスラモーターズの共同創業者

　great companies（素晴らしい企業）が話題の中心として主語になり、「…に築かれている」という現在の状態が、現在形の受動態で述べられています。1と違って主語が複数形なので、are built となっています。なお、2の on と1の upon については、表す意味は同じです。upon のほうが文語的ですが、文のリズムによって使い分けられることもあります。

7

受動態

143

**❸ Opportunity is missed by most people because it is dressed in overalls and looks like work.**

チャンスというものは、たいていの人には見逃されてしまう。それは作業着に身を包んでいて、労働のように見えるからだ。

Thomas Edison　1847-1931　アメリカの発明家

miss：（動）～を見逃す　look like：～のように見える

　Most people miss ... と能動態で始めることもできますが、2つの節で共通の主語 opportunity（= it）が使われ、いずれも述語動詞が受動態となっています。dress は「～に服を着せる」という他動詞で、it is dressed は「チャンスが服を着せられている」という意味の受動態です。work は「労働、作業」あるいは「しなければならない任務」などの意味です。チャンスは、思わず手を伸ばしたくなるような輝きを放ってはおらず、人々が敬遠しがちな、地道に取り組むしかないような作業こそが、後々チャンスに姿を変えるのだということですね。

**❹ If you're offered a seat on a rocket ship, don't ask what seat, just get on.**

もしもロケットの座席（＝ロケットに乗るチャンス）を与えられたら、それがどんな座席かなんて気にしちゃいけない。ただ乗り込むんだ。

Eric Schmidt　1955-　Google の元 CEO

　座席を与えられた you を主語にした受動態が使われています。第4文型（SVOO）の offer you a seat（あなたにシートを与える）の1つ目の目的語 you を主語にして、you're offered とし、2つ目の目的語 a seat はそのままの位置に残っています。

　この言葉は、Facebook の COO であるシェリル・サンドバーグが、創設から間もない Google への入社をためらっていたところ、当時の CEO（最高経営責任者）のエリック・シュミットから言われた言葉だそうです。成長していく Google という会社をロケットに、ポジションを座席に例えた見事なアドバイスです。

> **❶ Records are made to be broken.**
> 記録は破られるためにある。
>
> Richard Branson 1950- ヴァージン・グループ創業者

## Key point 不定詞や助動詞を使った受動態を確認

### ● to 不定詞の受動態：〈to be +過去分詞〉

to 不定詞には3つの用法がありますが、いずれの用法でも to 不定詞の受動態が使われることがあります。to 不定詞が表す動作と、その意味上の主語との関係を確認しましょう。

**❶ 副詞の役割**

❶の to be broken は目的を表す副詞の役割をしています。break（破る）の意味上の主語は、文の主語と同じ records（記録）です。記録は「破**られる**」ものなので、受動態が使われています。

**❷ 形容詞の役割**

次のページの❷の to be waited **for** と to be achieved は、直前の名詞 a thing（もの）を修飾する形容詞の役割をしています。ものは「待た**れる**」「達成**される**」ものなので、受動態が使われています。

**❸ 名詞の役割**

次の例では to 不定詞が名詞の役割をし、want の目的語になっています。accept の意味上の主語は、文の主語と同じ I です。私は「受け入れ**られる**」側なので、受動態が使われています。

例）I want **to be accepted** by them.（私は彼らに受け入れてもらいたい。）

### ● 助動詞を含む受動態：〈助動詞 + be +過去分詞〉

助動詞を使う場合、助動詞の後に〈be +過去分詞〉を続けます。

例1）**can be +過去分詞**：…**されることができる、…され得る**

The machine **can be operated** easily.（その機械は容易に操作できる。）

例2）**must be +過去分詞**：…**されなければならない、…されるに違いない**

That **must be avoided**.（それは避けられなければならない。）

This machine **must be broken**.（この機械は壊れているに違いない。）

### ● 完了形の受動態：〈have been +過去分詞〉

「…**されたばかりだ**」「**ずっと…されている**」などを完了形の受動態で表します。

例）This bench **has** just **been painted**.（このベンチは塗られたばかりです。）

This theme **has been studied** for a long time.

（このテーマは長い間研究されています。）

7

受動態

145

「**…されているところだ**」という進行形の受動態もあります。

例）The copy machine **is being repaired**.（コピー機は修理中です。）

> **② Destiny is not a matter of chance, it is a matter of choice; it is not a thing to be waited for, it is a thing to be achieved.**
>
> 運命というものは、偶然の問題ではなく、選択の問題である。それは待ち受けるものではなく、自らの手で獲得すべきものだ。
>
> William J. Bryan　1860-1925　アメリカの政治家、国務長官

matter：（名）問題　chance：（名）偶然

この文は、コンマとセミコロンでつながれた４つの節から成っています。真ん中のセミコロン（；）は等位接続詞の代わりで、ここでは and の意味で使われています。それぞれの節はいずれも第２文型（SVC）で、主語は destiny（運命）です。前半２つの節は両方とも a matter（問題）が補語で、それぞれ〈of ＋名詞〉で後ろから修飾されています。後半２つの節は両方とも a thing（もの）が補語で、それぞれ to 不定詞で後ろから修飾されています。運命とは **to be waited** for（待**たれる**）ものではなく、**to be achieved**（獲得**される**）ものだと述べています。

> **③ Peace cannot be kept by force. It can only be achieved by understanding.**
>
> 平和というものは、力で維持することはできない。相互理解によってのみ達成されるのだ。
>
> Albert Einstein　1879-1955　ドイツ生まれの物理学者

**Close-up Column** Albert Einstein（アルベルト・アインシュタイン）p.30

２つの文の主語はどちらも peace で、２文目では it に言い換えられています。平和は「維持**される**」「達成**される**」ものなので、両方の文の述語動詞が〈助動詞＋ be ＋過去分詞〉になっています。force は単に「力」だけでなく「支配力」「軍事力（※通例 the がつく）」などの意味もあります。また、understanding は「相互理解、思いやり」などの意味もある単語です。助動詞は **cannot** と **can** が使われ、２つの文が対比的な構造になっています。

**4** Nothing will ever be attempted if all possible objections must be first overcome.

起こり得るすべての反論にまず打ち勝たなければならないとしたら、何事もなされないだろう。 Samuel Johnson 1709-1784 『英語辞典』の編集者

attempt：（動）～を達成しようとする　objection：（名）反論　overcome：（動）～を克服する

　主節と if で始まる条件節の両方で、述語動詞が〈助動詞＋ be ＋過去分詞〉になっています。主節の主語 nothing が、「達成しようと**される**」ので受動態が使われ、その前に可能性を表す **will** が置かれています。また、条件節の主語 all possible objections も「克服**される**」ので受動態が使われ、その前に義務を表す **must** が置かれています。

**5** The best and most beautiful things in the world cannot be seen or even touched. They must be felt with the heart.

この世で最も素晴らしく美しいものは、見ることも、ましてや触ることもできません。心で感じなくてはならないのです。

Helen Keller 1880-1968 教育家、社会福祉活動家

even：（副）～さえ、～すら

　２つの文とも、主語は The best ... things in the world で、２文目では代名詞 they に言い換えられています。ものは「見**られる**」「触**られる**」「感じ**られる**」ものであるため、**cannot be seen**、（**cannot be**）**touched**、**must be felt** とすべての述語動詞が受動態になっています。視覚と聴覚を失いながらも多くのことを成し遂げたヘレン・ケラーらしい名言です。

**6** All my successes have been built on my failures.

私のすべての成功は、失敗の上に築かれてきた。

Benjamin Disraeli 1804-1881 イギリスの政治家、小説家

　主語は all my successes、述語動詞は **have been built** です。Section 1 の**1 2**と同じく、主語の成功は「築**かれる**」ものです。さらに、それが過去から現在まで「継続的に築かれてきた」ことから、現在完了形の受動態〈have been ＋過去分詞〉が使われています。

# Hannah Arendt
## （ハンナ・アーレント）

1906-1975　ユダヤ人政治哲学者

1961 年 4 月、ヒトラーの部下としてナチス・ドイツのホロコースト（ユダヤ人虐殺計画）を指揮したアドルフ・アイヒマンの裁判が、エルサレムで始まりました。世界中の注目が集まる中、彼は自身の行いについて「命令に従っただけだ」と証言します。

彼の刑が執行されてから 1 年後の 1963 年、この裁判に関するレポートがザ・ニューヨーカー誌に掲載され、世間に衝撃を与えました。その『エルサレムのアイヒマン―悪の陳腐さについての報告』（原題：Eichmann in Jerusalem: A Report on the Banality of Evil）を書いたのが、ドイツ生まれのユダヤ人政治哲学者、ハンナ・アーレントです。

## 人々に衝撃を与えた「悪の陳腐さ」

アーレントは、大戦中に収容所から逃れてアメリカへ亡命し、全体主義に関する考察・研究を続けていました。そして同誌の特派員として、アイヒマン裁判を傍聴しました。彼女のレポートの趣旨は、次の言葉に集約されます。

**The sad truth is that most evil is done by people who never make up their minds to be good or evil.**

悲しいことに実は、たいていの悪は、善良であろうとか邪悪であろうといったことをまったく考えない人々によってなされるのです。

つまり、アイヒマンのように自ら考えることなくただ命令を忠実に遂行していると、無意識のうちに悪に加担してしまう可能性があるということです。彼女はこれを「悪の陳腐さ（the banality of evil）」と呼びました。

「ホロコーストは特別ひどい人間のやったことだ」という考えは、私たちにとって受け入れやすいものです。自分とは無関係な別次元の出来事として、切り離して考えることができるからです。それに対し、考えられないような悪を働く人も、私たちと同じ「命令に忠実な

だけの凡人」であるというアーレントの主張は、人々にとって受け入れがたいものでした。

　しかしその後、人間は組織の中で権威者の命令を受けるうちに、かなりの心理的抵抗を伴う命令であっても従うようになる、ということが心理学の実験によって明らかにされています。（この「ミルグラム実験」と呼ばれる実験は、倫理的側面に関しても議論を巻き起こしました。）

# 自分の頭で「考える」ということ

　誰もがそのような思考停止に陥り、悪に加担する可能性があるとしたら、私たちはどのように生き、どのような社会を築いていくべきなのでしょうか。アーレントは、主著『人間の条件』（原題：The Human Condition）の中で、古代ギリシャの都市国家であるポリスの在り方にまでさかのぼり、この点を追究しました。

　その中では、労働（labor）・仕事（work）・活動（action）という3つの概念に基づいて、人間は複数の異なる他者とどのように関わりながら生きていくべきなのかが検討されています。その試みは決して容易なことではありませんが、彼女は thoughtlessness（思考欠如）が今日の私たちの特徴になっていると指摘した上で、本書で取り組もうとしていることについて次のように述べています。

**What I propose, therefore, is very simple: it is nothing more than to think what we are doing.**

ゆえに、私がしようとしていることは非常にシンプルです。それは、自分が今何をしているのかを考えることでしかありません。

　自分の頭で考え、判断すること。それを止めてしまうと、気づかないうちに誰かに支配されたり、思いもしないことで道を外してしまうのかもしれません。

ハンナ・アーレントの名言 → p.87

お気に入りの名言を書き込みましょう

# Part 2 Chapter 8

## 代名詞

　Part 1 Section 1 品詞（p.21）では、人称代名詞と指示代名詞について
扱いました。この Chapter の Section 1・2 では、**人称代名詞が「一般的
な人」を表す用法**と、**it のさまざまな用法**について学習します。

　また、Section 3 以降では、**不定代名詞**について紹介します。不定代名
詞は前に出てきた特定の名詞の代わりをするのではなく、不特定の人やも
のを表します。数量を表す場合もあり、1 人〔1 つ〕なら one、数人〔い
くつか〕なら some など、数量によって異なる代名詞を使います。また「す
べて…ない」と否定の意味を含む代名詞もあります。

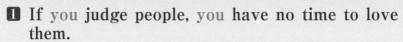

**❶ If you judge people, you have no time to love them.**

人を批判していると、人を愛する時間がなくなってしまいます。

Mother Teresa　1910-1997　カトリック教会の修道女

### Key point　we、you、they で「世間一般の人々」を表す

**❶**の和訳のように、**日本語では主語を省略することがよくありますが、英語では原則として文の要素を省略しません。**「世間一般の人々」を表す際、people などの名詞を使うこともありますが、よく代名詞の **we、you、they** が使われます。この使い方は**総称人称**と呼ばれます。これらの使い分けには明確な違いがあるわけではありませんが、大よそのルールがあります。なお、**one** も「人」を表しますが、こちらはよりかたい文語的な表現です。

#### ● 話し手を含む we

**we** は話し手を含む「一般的な人々」を表します。

例）We have to listen carefully to the advice of others.

　　（他人の忠告には注意深く耳を傾けなくてはなりません。）

　　→ we が特定の範囲の「私たち」ではなく、より一般的な「人々」を表しており、「他人の忠告はしっかり聞くべきだ」という一般論としてとらえることができます。

#### ● より口語的な you

**you** は「あなた」と特定の相手を表すだけでなく、**we** と同じく話し手を含む「人々」という意味を表すことがあります。この場合、**we** よりも口語的で、語りかけるような印象になります。**❶**の **you** は特定の「あなた（たち）」ではなく、より一般的な「人々」を表し、「人を批評するのではなく、愛さなければならない」というメッセージを伝えています。

#### ● 漠然とした人々を表す they

**they** は特定の誰かではなく、**話し手や聞き手以外の漠然とした人々**を表すことがあります。

例1）They serve delicious meals at the restaurant.

　　（そのレストランは美味しい料理を提供します。）

　　→ they は「そのレストランで働いている人」全般を指します。

例2）They say that the office is going to be refurbished in the near future.

　　（そのオフィスは近いうちに改装されるだろうと言われています。）

　　→「…らしい」といううわさや伝聞を伝えるのに、明確な主語を示さない They say that ... という表現がよく使われます。they は「世間一般の人々」を表しています。

## ❷ It is important to remember that we all have magic inside us.

人はみんな、自分の中に魔法の力を持っている、そのことを忘れないことが大切です。　　　　　　　　　　J. K. Rowling　1965-　『ハリー・ポッター』の作者

　J・K・ローリング自身を含む世間一般の人々のことを we と us で表しています。「みんな」という意味の all をつける場合、we all の語順になることにも注意しましょう。all of us と表すこともできますが、*all we* は誤りです。この文は仮の主語 it を先に、本来の主語 to remember ... を後ろに置く形式主語構文（p.154）で、that 以下のことを覚えておくことが大切だと述べています。

## ❸ Your only obligation in any lifetime is to be true to yourself.

人生のどんな時も、唯一の義務は自分自身に誠実であることだ。
　　　　　　　　　　Richard Bach　1936-　アメリカの作家、元空軍パイロット

obligation：（名）義務　　true to：～に誠実である、～に素直である

　your や yourself も世間一般の人々を指しています。この文は第2文型（SVC）で、to be 以下が補語の役割をしています。in any lifetime の any は、ここでは形容詞の働きをし、名詞 lifetime（生涯）を修飾しています。any は疑問文で「いくつかの」、否定文で「少しの…もない」という意味ですが、❸のように肯定文で使うと「どんな…でも」という意味になります。

## ❹ They always say that time changes things, but you actually have to change them yourself.

人は常々、時が物事を変えると言うけれど、実際には自分自身で物事を変えなければならない。　　　　　　Andy Warhol　1928-1987　芸術家、ポップアートの旗手

⬛ Close-up Column Andy Warhol（アンディ・ウォーホル）p.182

　この they も漠然とした一般の人々を指し、that 以下が say の目的語として、世間の人が言う内容を表しています。that 節と but 以下の節では、いずれも述語動詞に change が使われ、目的語は両方とも things（= them）です。異なっているのは主語で、that 節は time が、but 以下の節は you（人）が物事を変えると述べています。文尾の再帰代名詞 yourself は「自分で」と you を強調するために使われています。

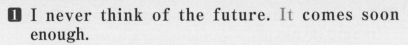

**1** **I never think of the future. It comes soon enough.**

私は未来のことを考えたりしない。それはすぐにやって来るんだから。

Albert Einstein　1879-1955　ドイツ生まれの物理学者

≡Close-up Column Albert Einstein（アルベルト・アインシュタイン）p.30

## Key point　前述のものを受ける以外の用法も確認

　代名詞 it は前述の語句や文の代わりに使われますが、it の用法はそれだけではありません。その他の用法もあわせて確認しましょう。

### ● 前述の特定の名詞・句・節・文全体などを表す

　**1** の It は前述の名詞 the future を指しています。なお、副詞 enough（十分な）は副詞 soon（すぐに）を修飾し、「未来は十分な速さでやって来る」という意味を表しています。つまり「あれこれ考えている暇がないくらい、未来はすぐにやって来る」ということですね。

　また、**it は名詞以外にも、句・節・文など、前述の内容を受けるのに使われます**。次の例では it が that 節の内容を受けています。

例）He said that he got the autograph of a major leaguer, but it turned out to be a lie.
　　　（彼はメジャーリーガーのサインを手に入れたと言っていたが、それは嘘だと判明した。）

### ● 明暗・天候・時間・距離・状況を表す

　代名詞 it は明暗（→**2**）・天候・時間（→**4**）・距離・状況（→**3**）などを表すこともあります。日本語に訳す必要はありませんが、英語では文の要素として必要なため it が置かれます。

例）天候　It was cloudy and windy yesterday.（昨日はくもりで風が強かったです。）
　　時間　What day is it today?（今日は何曜日ですか。）
　　距離　It is a long way from here to the station.（ここから駅までは遠いですよ。）
　　状況　I like it here.（ここが気に入っています。）

### ● 形式主語となる

　**It is ～ to do**（→**4**）または **It is ～ that ...** の形で、it が仮の主語として文頭に置かれることがあります。この it は**形式主語**と呼ばれ、本来の主語（真主語）は後ろに置かれた to 不定詞や that 節で表されています。

## ❷ When it is dark enough, you can see the stars.

逆境の中でこそ、希望は輝いて見える。

（直訳：十分に暗い時に、星を見ることができる。）

Ralph Waldo Emerson　1803-1882　アメリカの思想家、詩人

❷ の it は明暗を表しています。副詞 enough（十分な）は形容詞 dark（暗い）を後ろから修飾しています。enough はここでは「（星が見えるほど）十分に」という意味で使われています。dark には「暗い」の他に「希望の持てない、悲観的な」という意味があります。また、star は「希望」の象徴でもあります。薄暗いと空の星はよく見えませんが、真っ暗だと輝いて見えるように、つらい時こそ希望が見えるはずだと述べています。

## ❸ It always seems impossible until it's done.

何事も成し遂げるまでは不可能に思えるものだ。

Nelson Mandela　1918-2013　黒人初の南アフリカ大統領

seem：（動）〜のように思える

≣ Close-up Column Nelson Mandela（ネルソン・マンデラ）p. 80

❸ の it は、成し遂げるべき物事やその状況を漠然と表しています。接続詞 until は「…するまでずっと」という意味を表し、it's done（成し遂げられた）の状況になるまではずっと不可能に思えると述べています。南アフリカに根付いていたアパルトヘイトの撤廃を実現したマンデラですが、最初は不可能に思えるようなことも、こうした精神で成し遂げたのですね。

8

代名詞

## ❹ It takes twenty years to make an overnight success.

一夜にして成功するには 20 年かかる。

Eddie Cantor　1892-1964　アメリカのコメディアン、俳優

make a success：成功する　overnight：（形）一夜のうちの、突然の

〈it takes ＋時間＋ to 不定詞〉は「…するのに〜（時間）かかる」という意味です。この it は時間を表す主語、あるいは形式主語のどちらともとることができます。前者の場合、to make 以下は副詞の役割をする to 不定詞です。後者の場合、to make 以下は名詞の役割をする to 不定詞で、it に対応する真主語となります。エディ・カンターは幼くして両親を亡くし祖母に育てられました。ショービジネスの世界に入ってからも、すぐに活躍の場が与えられたわけではなかったようです。努力を重ねてきた彼ならではの、重みのある言葉です。

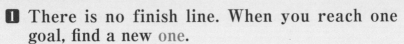

**1** There is no finish line. When you reach one goal, find a new one.

ゴールテープなんてないよ。1つのゴールにたどり着いたら、また新しいゴールを見つけるんだ。　　　　　　　　Chuck Norris　1940-　アメリカの俳優、武術家

## Key point　one は「不特定の」「同種の」「可算名詞」を表す

### ● 　it と one の違い

代名詞 one は、it と同様に前述の名詞の代わりに使われますが、**it が「前述の名詞そのもの」を表すのに対し、one は「不特定の」「同種のもの」を表します**。例えば、次の例1の it は、「失くした時計そのもの」を指します。それに対し、例2の one は「不特定の時計」を表し、「何かしら時計が必要だ」という意味を表しています。

例1）I have lost my watch. I need it. 　　　　　【it = my watch】

　　　（腕時計を失くしてしまいました。それが必要です。）

例2）I have lost my watch. I need a new one. 【one = a watch】

　　　（腕時計を失くしてしまいました。新しい時計が必要です。）

同様に、**1** の a new one は前述の a finish line の代わりに使われ、前のものとは別のゴールテープを表しています。it と one の違いを表にまとめると、次のようになります。**one は可算名詞にしか使うことができない**ことにも注意が必要です。

| | 可算・不可算 | 修飾語 | 複数形 |
|---|---|---|---|
| it | 可算名詞・不可算名詞両方を受ける | つかない | they |
| one | 可算名詞のみを受ける | つく | ones |
| | | つかない | some |

### ● 　修飾語 + one(s)

**one の前には、修飾語として冠詞や形容詞が置かれることがあります**。よく使われる組み合わせとして、新旧（new、old）、色を表す形容詞、序数詞、this、that などがあります。

　例）the second one（二番目のもの）、this one（いくつかあるうちのこれ、こっち）

なお、単数の one は修飾語がつく場合もつかない場合も使えますが、**複数形の ones は修飾語がついている場合しか使えません**。修飾語がつかない場合は次のように some で表します。

　例）Did you buy any eggs? — Yes, I bought some（× ones）.

156

## ❷ Business opportunities are like buses, there's always another one coming.

ビジネスチャンスはバスのようなもので、いつだって次がやって来るのさ。

Richard Branson 1950- ヴァージン・グループ創業者

there is S *doing*：S が…している

one は前述の bus の代わりに使われています。ビジネスチャンスは複数あるのが自然なので、business opportunities と複数形で表現され、それに対応して bus も buses と複数形になっています。これを受けて another one は「別のもう１つのバス」を表し、there's another one coming で「何かしら次のチャンス〔バス〕がやって来ている」という意味を表しています。リチャード・ブランソンは、音楽、航空、宇宙旅行など多くのグループ企業を抱えていますが、このような気持ちで次々と事業を広げていったのでしょうね。

## ❸ Make new friends but keep the old ones; one is silver and the other's gold.

新しい友達を作りなさい。でも、古くからの友達も大切に。前者は銀で、後者は金だ。

Anonymous（作者不詳）

**8**

代名詞

new friends と the old ones（= friends）が比較されています。friends（友達）という同種の名詞を言い換えるため、代名詞 one(s) が使われています。これから作る「新しい友達」は未知の存在で、話し手と聞き手の間に共通認識がないため、new friends には定冠詞 the（p.15）はついていません。一方、すでにいる「古くからの友達」は特定できるため、old ones には定冠詞 the がついています。セミコロンの後は <u>one</u> is … and <u>the other</u>'s ～ で「一方は…、もう一方は～」という対比になっています（詳しくは Section 4 を参照）。

**1** **Some** people feel the rain. **Others** just get wet.

雨を感じられる人間もいれば、ただ濡れるだけの人もいる。

Bob Marley　1945-1981　レゲエミュージシャン

## Key point　人やものの特徴をグループに分けて表す際に使う

以下は、2人〔2つ〕以上の人やものの特徴を順に述べる際に使われる代名詞です。

**one**：不特定の1人〔1つ〕を取り上げる

**some**：不特定の何人か〔いくつか〕を取り上げる

**another**：one や前述の名詞を受けて、不特定のもう1人〔1つ〕を取り上げる

**others**：some や前述の名詞を受けて、他の不特定の何人か〔いくつか〕を取り上げる

**the other**：最後に残った1人〔1つ〕を取り上げる

**the others**：最後に残った2人以上〔2つ以上〕を取り上げる

※残り全部を表す際は、それらを特定することができるので、定冠詞 the をつけます。

　上記のルールから、「~な人もいれば〔ものもあれば〕…な人もいる〔ものもある〕」と述べる際は《Some ~ , others...》で表します。**1** の Some と Others は人を表し、feel the rain（雨を感じる）の人もいれば just get wet（ただ濡れる）の人もいると、雨の受け止め方が2通りあると伝えています。the others ではないため、この2つ以外のタイプの人もいることが暗示されます。the others なら、人間はこの2つのタイプに分けられる、という言い方になります。また、**others は「（自分やそこにいる人以外の）他の人、他人」という意味**でもよく使われます。

**2** You can't get away from yourself by moving from one place to another.

あちこち旅してまわっても、自分から逃げることはできない。
（直訳：ある場所から別の場所へ動いても、自分自身から逃れることはできない。）

Ernest Hemingway 1899-1961 20世紀を代表するアメリカの作家

get away from：～から逃れる

another は、前述の名詞と同類のもう１人〔１つ〕を表します。ここでは one place を受けて、another place（別の場所）を表しています。move には「動く、引っ越す、転職する、転校する、見解を変える」などの意味があり、place にも場所以外に、「住居、機会、仕事、地位、役割」などさまざまな意味があるため、この言葉は色々な意味で解釈できそうです。

**3** As you grow older you will discover that you have two hands, one for helping yourself, the other for helping others.

人は年をとるにつれて、自分に２つの手があることに気づきます。１つは自分を助ける手。もう１つは他の人々を助ける手です。

Audrey Hepburn 1929-1993 女優、ユニセフ親善大使

As you grow older（年をとるにつれて）に続く you will ... 以下が主節で、第３文型（SVO）をとっています。that 以下が動詞 discover（～に気づく）の目的語です。one と the other は前述の two hands を受け、まず one で一方の手について述べ、残りの手を the other で表しています。helping の目的語 others は「（自分以外の）他人」の意味で使われています。

**4** Never limit yourself because of others' limited imagination; never limit others because of your own limited imagination.

他人の乏しい想像力のせいで、自分の可能性を制限しないで。同じように、自分自身の乏しい想像力のせいで、他人の可能性を制限することもしないで。

Mae Jemison 1956- 医師、NASA の宇宙飛行士

others' は「他人の」という意味で、others の所有格です。通例所有格は -'s の形ですが、-s で終わる語はアポストロフィ（'）だけをつけます。動詞 limit（～を制限する）と形容詞 limited（限られた、乏しい）が繰り返し使われ、limit が良くないことが強調されています。

**❶ Everything is practice.**

すべては練習である。

Pelé　1940-　ブラジル生まれの「サッカーの王様」

## Key point 代名詞の意味と単数・複数の扱いに注意

● 「すべて…だ」を表す代名詞

代名詞 **everyone〔everybody〕**（全員）、**everything**（すべてのもの）、**all**（すべての人・もの）は、3人〔3つ〕以上の全体を指して「すべて…だ」という意味を表します。

**everyone〔everybody〕**、**everything** は常に単数扱いです。❶ は主語 **everything** が単数扱いで、時制は現在なので be 動詞は **is** を使っています。

**all** は **all of the members**（メンバー全員）のように「人」を表す場合には複数扱いですが、次のページの❷ のように「物事」を表す場合には通例単数扱いです。

● 「すべて…ない」を表す代名詞

代名詞 **no one〔nobody〕**（誰も…ない）、**nothing**（何も…ない）、**none**（誰も〔どれも〕…ない）は、「すべて…ない」を表す代名詞です。こうした語は、通例 **not** などの他の否定語は伴わず、**肯定文で否定の意味を表します**。また、同じ意味を **not anything**（1つも…ない）と表すこともできます。

例）I have nothing.〔I do not have anything.〕（私は何も持っていません。）
例）No one answered the question.（誰もその質問に答えませんでした。）

**no one**、**nobody**、**nothing** は常に単数扱いです。**none** は本来単数扱いですが、複数扱いとなることもあります。また、〈**none of** ＋可算名詞の複数形〉は複数扱い、〈**none of** ＋不可算名詞〉は単数扱いとなります。

● 「両方とも…だ〔ない〕」を表す代名詞

2人〔2つ〕のうち「両方とも…だ」は **both** で、「どちらも…ない」は **neither** で表します。both は複数扱い、neither は単数扱いです。

例）I have two brothers. Both live〔Neither lives〕in Tokyo.
（私には兄弟が2人います。2人とも東京に住んでいます〔住んでいません〕。）

**2** To be happy all I have to do is give up my judgments.

幸せになるためには、批評をやめさえすれば良い。

Gerald G. Jampolsky 1925- アメリカの精神医学者

judgment：（名）判断、見解、批評

〈all ＋ S ＋ have to do is (to) *do* …〉は、直訳すると「S がやらなくてはならないすべては…することだ」という意味で、通例「S は…しさえすれば良い」と訳されます。**2**は第2文型（SVC）で、主語は **all** です。I have to do（私がやらなくてはならない）は関係詞節で、**all** を後ろから修飾しています（p.190）。「物事」を表しているので単数扱いとなり、述語動詞は is になっています。(to) give up my judgments（批評をやめること）が補語で、本来は名詞の役割をする to 不定詞ですが、この表現では通例 to が省略されます。

**3** Nothing is impossible; the word itself says 'I'm possible'!

不可能なことなどありません。impossible（不可能）という言葉自身が、I'm possible（私にはできる）と言っているもの。

Audrey Hepburn 1929-1993 女優、ユニセフ親善大使

**nothing**（何もないこと）が不可能、つまり「不可能なことは何もない」と述べています。このように「…なものはない」と表す際は、**nothing** を主語にして、肯定文で表します。impossible（不可能な）という語を im ＋ possible に分け、im を I'm に置き換えると I'm possible（私は可能だ）になることに着眼した名言です。

**4** One of these days is none of these days.

「いつか」はいつまでもやってこない。

Henry George Bohn 1796-1884 イギリスの出版業経営者

one of these days：いつか、近日中に

one of these days（近頃の1日＝いつか）と **none** of these days（近頃の1日もない日）を対比しています。英語は数を明確にする言語で、よく all of ～（～のすべて）、some of ～（～のいくつか）、one of ～（～の1つ）などの表現を使いますが、その否定が **none** of ～（～のどれも…ない）です。いつかやろうと思うだけでは何事も実現しないということを端的に述べた名言です。

# Muhammad Ali
（モハメド・アリ）

1942-2016　アメリカのプロボクサー

モハメド・アリは 1960 年ローマ・オリンピックのライトヘビー級で金メダルを獲得し、その後プロに転向。強さへの自信からくる強気な発言が話題を呼び、国内外で熱狂的な人気を博しました。

## ボクサーとしての戦い

彼は 1942 年にアメリカ・ケンタッキー州で生まれました。彼がボクシングを始めたのは、とても大切にしていた自転車が盗まれたことがきっかけでした。「犯人をやっつけてやる！」と怒りに震える彼に、警官が勧めたのがボクシングだったのです。その後ボクシングジムに通い始めた彼は、18 歳でオリンピック選手に選ばれ金メダルを獲得。その後プロデビューします。デビュー当時はカシアス・クレイと名乗っていましたが、ネーション・オブ・イスラム（※）への加入を機に、リングネームをモハメド・アリに改めました。その後本名もモハメド・アリと改名しました。

※アフリカ系アメリカ人のイスラム運動組織。

彼がデビューするまでは、ヘビー級ボクシングといえば力任せの攻撃・殴り合いがメインでしたが、彼は「蝶のように舞い、蜂のように刺す」と評される華麗なフットワークで、世界ヘビー級王座を獲得します。また、自らを the greatest と称し、試合前に勝ち方を予告してその通りに勝利したり、試合相手を侮辱し自らの強さをアピールしたりと、その自信にあふれた表現も話題となりました。次の言葉から、その一端がうかがえます。

## It's hard to be humble, when you're as great as I am.
俺くらい偉大になったら、謙虚でいるのは難しい。

ちょっと驚くような自信満々のセリフですが、強気な言葉を裏切らない活躍で、スター選手の階段を駆け上がりました。また、勝ち続けるためには過酷なトレーニングに耐える必要がありましたが、彼は次のように考えていたと、インタビューに答えています。

## Don't quit. Suffer now and live the rest of your life as a champion.

諦めるな。今は耐えろ。そして残りの人生をチャンピオンとして生きるんだ。

# アメリカ社会との闘い

　いわゆるビッグマウスで多くのボクシングファンを夢中にさせたアリですが、彼はボクシングだけでなく、当時のアメリカが抱えていた社会問題とも闘っていました。彼がボクサーとして活躍し始めた 1960 年代は、レストランなどの黒人の入店拒否など、公然と黒人差別が行われており、彼はこのような社会を強く批判していました。「自分が闘うのは自分のためではない。差別を受けている黒人の仲間のために闘っているのだ。」とも述べています。さらに、ベトナム戦争への徴兵を拒否したことでヘビー級王座を剥奪され、有罪判決を受けますが、このことがアメリカ世論を大きく動かすこととなりました。その後無罪を勝ち取り、ボクシングに復帰して王座奪還も果たしています。

　ボクサーとして注目されることで、人々が戦争や人種差別の問題に関心を持つきっかけも与えた彼は、のちに、アメリカで最も栄誉ある賞の１つである「大統領自由勲章」や、世界平和に貢献した人に贈られるドイツの「オットー・ハーン平和メダル」を受賞しています。挑発的なボクサーと平和賞は不釣り合いにも思えますが、彼は強くあることで多くの人の関心を集め、平和と平等へ向けて世論を動かしたのでした。彼は次の言葉を残しています。

## It's lack of faith that makes people afraid of meeting challenges, and I believe in myself.

困難に立ち向かうことを恐いと思わせるのは、信頼の欠如だ。俺は自分を信じている。(→ p.223)

　強くあるために、困難に立ち向かうために、彼は自分自身を強く信じていました。その信念を貫いたからこそ、人々の意識を変えることができたのでしょう。

モハメド・アリの名言 → p.186, 223, 228

お気に入りの名言を書き込みましょう

# Part 2 Chapter 9

## 接続詞

　〈主語 (S) ＋述語動詞 (V)〉を含む２語以上のまとまりを**節**と呼びますが、１つの文の中に２つ以上の節がある場合、**節をつなぐ役割をする接続詞**が必要です。接続詞は節の最初に置かれ、〈接続詞＋節〉がひとかたまりとなり、発話の際もこのかたまりが意識されます。

　接続詞には次の２種類があり、次のように使い方が異なることを Part 1 品詞（p.27～29）で確認しました。この Chapter では、❷従位接続詞の使い方について詳しく学習します。

❶ **等位接続詞**：文法的に対等な語と語、句と句、節と節をつなぐ。
❷ **従位接続詞**：文法的に対等でない従属節と主節をつなぐ。

　　　　　従位接続詞が導く節にも品詞の概念があり、**名詞節**と**副詞節**
　　　　　がある。

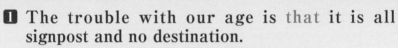

**1** The trouble with our age is that it is all signpost and no destination.

我々の時代で厄介なのは、道しるべばかりで目的地がないことだ。

Louis Kronenberger　1904-1980　アメリカの演劇評論家

age：(名) 時代　signpost：(名) 道しるべ　destination：(名) 目的地、行先

## Key point　名詞節は文の主語、補語、目的語になる

　名詞節は、文の中でひとかたまりの名詞として働き、文の主語 (S)、補語 (C)、目的語 (O) の役割をします。名詞節を導く接続詞は、主に次の3つです。whether と if の違いとして、**if の導く名詞節は他動詞の目的語としてのみ用いられ、主語や補語にはなりません**。また、whether はややかたく、if はより口語的で、会話でよく用いられます。

| that | …ということ |
|---|---|
| whether... (or not) / if | …かどうか |

　**1** は第2文型(SVC)で、The trouble with our age が主語、is が述語動詞、that 節が補語で、「問題は…ということだ」という文構造になっています。that 節内も第2文型で、主語 it は漠然と「状況」を表しています。

### ● 形式主語を使った文

　that 節が主語になる場合、通例**形式主語 it** (p.154) が使われます。

例) It is important that we (should) keep in touch. (連絡を取り合っておくことが大切です。)

　なお、形式主語を使った文で、it is の後に次のような形容詞を使う場合、that 節に should または動詞の原形が使われます。

> advisable (望ましい)、desirable (望ましい)、important (重要な)、natural (自然な、当然な)、necessary (必要な)、urgent (緊急の) など

### ● 同格の that

　that 節は特定の名詞の後ろについて、その内容を説明することがあり、この名詞と that 節の関係を**同格**と呼びます。同格の that で内容を説明するのは次のような名詞に限られます。

> ability (能力)、decision (決定)、duty (義務)、explanation (説明)、fact (事実)、information (情報)、news (ニュース)、opinion (意見)、promise (約束)、report (報告) など

**2 Don't ask the barber whether you need a haircut.**

髪を切る必要があるかどうかを、床屋に聞いても無駄だ。

Warren Buffett（※諸説あり）1930- アメリカの投資家

barber：（名）床屋、理容師

　第4文型（SVOO）で、1つ目の目的語が the barber、2つ目の目的語が **whether** の導く名詞節です。**whether** you need a haircut で「ヘアカットが必要かどうか」という意味を表しています。この場合、他動詞 ask の目的語なので、同じ意味で if を使うこともできますが、ここではよりかたい響きのある **whether** が使われています。

**3 The question is not whether we are able to change but whether we are changing fast enough.**

問題は変化できるか否かではない。十分な速さで変化しているかどうかである。

Angela Merkel 1954- ドイツ初の女性首相

　第2文型（SVC）で、文の骨格は The question is not ... but 〜（問題は…ではなく〜である）です。p.179 で紹介する〈not A but B〉（A ではなく B）が使われています。not と but の後ろにそれぞれ続いている **whether** 節は、文の補語の役割をしています。we are able to change に対して、but 以下では現在進行形 we are changing fast enough が使われ、「今、実際に十分な速さで変化しているかどうか」という意味を表しています。

**4 The secret to happiness is to face the fact that the world is horrible.**

幸せの秘訣は、世の中は恐ろしいものだという事実と向き合うことである。

Bertrand Russell 1872-1970 イギリスの哲学者、数学者、論理学者

secret to〔of〕：〜の秘訣　face：（動）〜に対峙する、〜を正視する

**≡ Close-up Column** Bertrand Russell（バートランド・ラッセル）p.122

　第2文型（SVC）で、to face 以下が文の補語です。この文の **that** は同格で、the fact の後に続き、「どんな事実なのか」を説明しています。the fact **that** the world is horrible で「世の中は恐ろしいものだという事実」という意味になります。

9

接続詞

> **❶ A man is not finished when he is defeated. He is finished when he quits.**
>
> 人間は負けた時が終わりではない。やめた時が終わりなのだ。
>
> Richard Nixon　1913-1994　第 37 代アメリカ合衆国大統領

finished：(形) 駄目になった　defeated：(形) 敗れた　quit：(動) やめる

## Key point　それぞれの接続詞の意味と「時間の幅」を確認

次の接続詞は時を表す副詞節を導きます。それぞれが表す意味によって使い分けましょう。

| when | …する時 | while | …する間に |
|---|---|---|---|
| after / before | …した後に〔…する前に〕 | until | …するまでずっと |
| by the time | …する時までに | since | …して以来 |
| every time | …する時はいつも、…するたびに | as soon as | …するとすぐに |

### ● when と while の時間の幅

❶ は「負けた時」と「やめた時」を両方とも when で表しています。「負ける」「やめる」のような**短い時間で行われる動作を表す場合**は、when が使われます。一方、while（…する間に）は、**when よりも動作に時間の幅がある場合**に使われます。次のページの ❸ では動作動詞の進行形 we are postponing が続いています。これは「後回しにしている」状況がある程度の期間続いていることを表すので、while が使われています。

be（…である）などの状態動詞は、それ自体がある程度の時間の幅を表しますが、時を表す接続詞は when と while のどちらも使われることがあります。

例）We first met **when**〔**while**〕I <u>was</u> a student.

　　（私たちは、私が学生だった頃に初めて出会いました。）

### ● 「…したら」を表す when と if

when には「…する時」以外に、次のページの ❷ のように「…したら」という意味を表すこともあります。if も条件を表しますが、**ほぼ確実に起こる場合**には when を、**起こるか起こらないか五分五分の場合**は if を使います。次の例で違いを確認しましょう。

例）Please let me know **when** he comes.　※彼が来る予定なので、来たら教えてほしい。

　　Please let me know **if** he comes.　※来ないかもしれないが、もし来たら教えてほしい。

**2** National boundaries are not evident when we view the Earth from space.

宇宙から地球を見ると、国境線は明らかではない。

Carl Sagan 1934-1996 天文学者、NASA の顧問

boundary：（名）境界線　evident：（形）明らかな　view：（動）〜を見る

when の導く副詞節が「宇宙から地球を見る時」あるいは「宇宙から地球を見たら」という意味を表し、その場合の状況を主節 National boundaries ... が伝えています。カール・セーガンはアメリカの天文学者で、実際に宇宙から地球を見ることができることを前提とした発言なので、if ではなく when が使われています。日本人宇宙飛行士の毛利衛さんも「宇宙からは国境線は見えなかった。」と述べていますね。

**3** While we are postponing, life speeds by.

後回しにしている間に、人生は過ぎ去ってゆく。

Lucius Annaeus Seneca 紀元前 4 頃 - 後 65 ローマ帝国の哲学者、政治家

postpone：（動）〜を後回しにする　speed by：（動）過ぎ去る

現在進行形の while we are postponing で「後回しにしている」状況が一定期間続いていることを示し、その間に life speeds by（人生は過ぎ去る）という一瞬の動作が行われることが表現されています。他動詞 postpone の目的語は省略されていますが、「物事を後回しにする」という意味だと解釈できます。

**9**

**接続詞**

**4** Effort only fully releases its reward after a person refuses to quit.

努力は、人が諦めないと心に誓った時にようやく、成果となって現れる。
（直訳：努力は、人がやめることを拒んだ後にようやく、その報酬を完全な形で現す。）

Napoleon Hill 1883-1970 成功哲学の提唱者

release：（動）〜を放つ、〜を公開する　refuse to *do*：…することを拒む

第3文型（SVO）で、主節の骨格は Effort ... releases its reward（努力はその報酬を現す）です。それがいつ起こるのかを、副詞節の after 以降が表しています。「人がやめることを拒んだ後で」、つまり「人が諦めないと誓った時」と解釈できます。only は after を修飾し、「…した後でようやく」という意味を表しています。

## 5 We do not realize what we have on Earth until we leave it.

人は地球を離れて初めて、地球上にあるものに気づく。
（直訳：人は地球を離れるまで、地球上にあるものに気づかない。）

Jim Lovell 1928- 宇宙飛行士、アポロ 13 号の船長

until we leave it は「私たちがそれ（＝地球）を離れるまでずっと」という意味です。**until は継続していた主節の動作（do not realize）が終了する時点**を表し、「…するまでずっと気づかない」、つまり、「…して初めて気づく」ということです。what we have on Earth（私たちが地球上に持っているもの）が realize の目的語で、この関係代名詞 what については p.194 で学習します。

なお、until に対して **by the time は、主節の動作が完了する時点**を表します。つまり、「その時までには（終わっている）」という意味です。

例）They will have finished the job by the time we arrive.

（私たちが到着するまでには、彼らはその仕事を終えているでしょう。）

## 6 The greatest glory in living lies not in never falling, but in rising every time we fall.

生きる上で最も偉大な栄誉は、決して転ばないことにあるのではない。転ぶたびに立ち上がることにあるのだ。

Nelson Mandela 1918-2013 黒人初の南アフリカ大統領

lie in：～（の中）に存在する

≡ Close-up Column Nelson Mandela（ネルソン・マンデラ）p. 80

文の骨組みは The ... glory ... lies not in ..., but in ...です。〈not A but B〉は「A ではなく B」という意味で、never falling（決して転ばないこと）ではなく、rising **every time** we fall（転ぶたびに立ち上がること）に、主語 the greatest glory in living があると述べています。fall（転ぶ、失敗する）と rise（立ち上がる）が対比的に使われています。

❶ **Nothing will work unless you do.**

あなたがやらない限り、どうにもなりません。

Maya Angelou　1928-2014　詩人、作家、公民権運動家

## Key point　排他的な条件を表す unless の使い方に注意

次の接続詞は条件を表す副詞節（条件節）を導きます。それぞれが表す意味によって使い分けましょう。

| if | もし…したら | unless | …しない限り、…である場合を除いて |
|---|---|---|---|
| once | いったん…すると | as long as | …する限り、…である限り |

### ● unless の表す意味

**unless は「…しない限り（〜だ）」という主節を否定する唯一の条件を表します。** ❶ は主節 Nothing will work（どうにもならない、何もうまくいかない）を否定する唯一の条件、「どうにかなる、うまくいく」ためのただ 1 つの条件を unless you do が示しています。つまり、何かを成し遂げるためには you do（あなたが行動する）しかないということです。

unless は次のように、**話し手が「起こる可能性が低い」と思っていること**を述べる場合にもよく使われます。

例）The project will succeed **unless** they offer unexpected conditions.

（先方が想定外の条件を提示してこない限り、この案件は成功するでしょう。）

→この場合も、unless 以下が the project will succeed（この案件が成功する）を否定する唯一の条件を示している。つまり「失敗するのは、先方が想定外の条件を提示してきた時だけだ」ということ。さらに話し手は、「おそらく想定外の条件を提示してくることはないだろう」と考えている。

unless は **if ... not** で表すこともできます。ただ、if ... not が常に unless に言い換えられるわけではありません。「…しない限り、…する場合を除いて」といった排他的な意味を含まず、単に「…しなければ」と言う場合は if ... not を使います。

例）They will be disappointed if you are not able to come.

（あなたが来られなければ、彼らはがっかりするでしょう。）※ unless は不可。

### ● as long as の表す意味

unless が「…しない限り」を表すのに対し、**as long as は「…する限り」という最低限の**

条件を表します（→ **2**）。似た表現に **as far as**（…する限りでは）がありますが、こちらは条件ではなく、限界や程度・範囲などを表します。

例）as far as I know（私の知る限りでは）、as far as I'm concerned（私に関する限りでは）

## ● 副詞節の時制に注意

これらの**条件を表す接続詞や、時を表す接続詞（Section 2）を使った副詞節では、主節が未来を表していても、現在形を使う**ことに注意しましょう。

例）○ I will tell him so when I <u>get</u> home.（帰宅したら彼にそう伝えます。）

× *I will tell him so when I <u>will get</u> home.*

○ If it <u>rains</u> tomorrow, we will stay home.（明日雨なら、私たちは家にいます。）

× *If it <u>will rain</u> tomorrow, we will stay home.*

---

**2** As long as you're green, you're growing; as soon as you're ripe, you start to rot.

未熟でいる限り、成長している。成熟した途端、腐敗が始まる。

Ray Kroc 1902-1984 マクドナルドチェーンを展開

---

green：（形）未熟な　ripe：（形）成熟した　rot：（動）腐る、衰える

**as long as** you're green は you're growing（成長している）という状態でいるための「最低限の条件」を表しています。ここでは **as long as** が時を表す接続詞 **as soon as**（…するとすぐに）と対比的に使われて、〈as … as you're ＋形容詞〉の語順に統一されています。マクドナルドをフランチャイズ展開し世界的なファーストフードチェーンにしたレイ・クロックの名言です。

---

**3** Weeds are flowers too, once you get to know them.

雑草も花なんだよ、ひとたびそれらと知り合いになればね。

A.A. Milne 1882-1956 『クマのプーさん』の作者

---

weed：（名）雑草　get to *do*：…するようになる

**once** には「一度」や「かつて」という意味もありますが、ここでは「いったん…すると」という意味の接続詞として使われています。**get to know** は「～と知り合いになる」という意味で、**them** は前述の **weeds** を指します。

> **❶ Everyone thinks of changing the world, but no one thinks of changing himself.**
> 誰もが世界を変えたいと思っているが、自分自身を変えようとは誰も思っていない。
> Lev Tolstoy　1828-1910　19 世紀ロシアを代表する作家

think of：〜のことを考える

## Key point　逆接や対比を表す接続詞の使い分けに注目

### ● 逆接を表す接続詞

「A だが B だ」という逆接を表す際に使う接続詞を押さえましょう。

| 種類 | 接続詞 | 使い方 | 意味 |
|---|---|---|---|
| 等位接続詞 | **but** | A, but B. | A、だが B だ。 |
| 従位接続詞 | **although / though** | Although A, B. | A だけれども、B だ。 |
| | **even if** | Even if A, B. | たとえ A でも、B だ。 |
| | **even though** | Even though A, B. | A だけれども、B だ。 |

but は「だが、しかし」という意味の等位接続詞で、**直後に「B だ」に当たる内容を続けます**。❶ は but の後に、前の節と対立する内容を続けています。それに対し、**その他の接続詞は直後に「A だが」に当たる内容を続けます**。❶ を although を使って表すとしたら、次のようになります。

**Although** everyone thinks of changing the world, no one thinks of changing himself.

though と although はほぼ同じように使えますが、although はややかたい表現で、文頭で使う場合に好まれます。なお、強調表現は even though で、*even although* とは言いません。

### ● 日本語の「…ですが」には要注意

**日本語の「…ですが」が必ずしも but ではないことに注意しましょう**。but は逆接や対立を表す内容を続けるため、「そして」という意味の and が適切な場合もあります。例えばレストランで「私はピザを頼みましたが、夫はスパゲティを頼みました。」と言う時は、ピザとスパゲティが対立しているわけではなく、対等な関係なので and が適切です。

例）○ I ordered pizza, and my husband ordered spaghetti.

　　× *I ordered pizza, but my husband ordered spaghetti.*

9
接続詞

173

対比や強調を表す接続詞の使い方も確認しましょう。

| while | …である一方 | whether （... or not） | …であろうとなかろうと |
|-------|-----------|----------------------|---------------------|

while は「…している間」という意味もありますが、**2つのものを対照する**際にも使います。but のように逆接や対立した内容を続けることもありますが、単に対照するために使うことも多いです。また、Section 1 で学んだ whether は「…かどうか」という名詞節を作る以外に、「…であろうとなかろうと」という意味の副詞節を導きます（→ **6**）。

**2** Although the world is full of suffering, it is full of the overcoming of it.

世界は苦しいことでいっぱいだけれども、それに打ち勝つことでもあふれています。　　　Helen Keller　1880-1968　教育家、社会福祉活動家

suffering：（名）苦しみ　overcome：（動）～に打ち勝つ

although の直後に「…だけれども」に当たる内容が続き、後ろに主節が来ています。2つの節で be full of ～（～でいっぱいである）が使われています。overcoming（～に打ち勝つこと）は動名詞で、通常の名詞と同様に定冠詞 the がついています。overcoming it とすることもできますが、このように overcoming <u>of</u> it となることもあります。it は suffering（苦しみ）を指しています。

**3** Even if you're on the right track, you'll get run over if you just sit there.

たとえ正しい道の上にいても、ただそこに座っているだけなら車にひかれてしまう。　　　Will Rogers　1879-1935　アメリカのコメディアン

track：（名）通り道、思考の流れ　run over：（動）車などでひく

if 単独でも仮定を表しますが、**even if** は「たとえ…でも」という強調表現です。主節に仮定法（→ p.207）が使われることもありますが、**3** の you'll get ... のように直説法が使われることもあります。ここでは主節の後ろにさらに if 節が続いています。get run over は、〈get ＋過去分詞〉（…になる）という受け身の表現です。run は原形と過去分詞が同じですが、ここでは run は過去分詞で、run over で「車にひかれた」という状態を表しています。

## 4 So even though we face the difficulties of today and tomorrow, I still have a dream.

私たちは今日も明日も困難に直面するけれども、それでも私には夢がある。

Martin Luther King, Jr.　1929-1968　牧師、公民権運動家

face：（動）〜に直面する　still：（副）それでも、なお

even though は though の強調表現です。**even if が「仮定」を表すのに対し、even though は「実際に起こること」について表します**。4 ではキング牧師たちが実際に困難に直面していることから **even though** が使われています。**even if** を使うと、「（今実際にはそうでないが）たとえ困難に直面しても」という意味になります。

## 5 Some people dream of success, while other people get up every morning and make it happen.

成功を夢に見る人もいるが、毎朝起き上がって夢を実現させる人もいる。

Wayne Huizenga　1937-2018　アメリカの起業家

dream of：〜の夢を見る、〜を夢見る　make it happen：実現させる

Some people と other people を使って、「〜な人もいれば、…な人もいる」と対比しています（p.158）。眠っている間に見る「夢」と目標としての「夢」は、英語でも同じ dream で表されます。同じように「成功したい」と思っている人々の中でも、一方は dream of success（＝夢に見るだけで行動しない）、もう一方は get up every morning and make it happen（＝夢に向けて日々行動する）だという対比を、接続詞 **while** を使って表現しています。

## 6 Morning comes whether you set the alarm or not.

アラームをセットしてもしなくても、朝はやって来ます。

Ursula K. Le Guin　1929-2018　アメリカの小説家、SF 作家

whether … or not が「…であろうとなかろうと」という副詞節を導いています。名詞節を導く whether（…かどうか）との違いに注意しましょう。名詞節は文の要素となり、それがなくては文が成り立ちませんが、副詞節はなくても文が成り立ちます。6 の主節 Morning comes は第 1 文型（SV）の文が成り立っており、**whether** 以降は副詞節だとわかります。

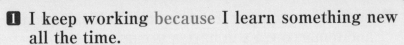

**1** I keep working because I learn something new all the time.

いつだって新しい学びがあるから、私は仕事を続けているんだ。

Clint Eastwood 1930- アメリカの俳優、映画監督

keep *doing*：…し続ける　all the time：その間ずっと、いつも

## Key point 理由・目的を表す接続詞が導く内容に注意

| 理由 | because | 直接的で明確な理由 | …だから、なぜなら… |
|---|---|---|---|
| | since | 相手も知っている理由 | …である以上、…なのだから |
| | as | 補足的な理由 | …だから、…なので |
| | for | 補足的な理由（文語的） | というのも…だから |
| 目的 | so that<br>in order that | 行動の目的 | …するために、…するように |

### ● 理由を表す接続詞の使い分け

　because は理由を表す接続詞の中で最もよく使われ、**主節の後ろに置かれることが多いで**す。**1**では最初に I keep working という「結果」を述べ、because 節がその「理由」を表しています。ただし、主節で表す「結果」に重点を置く場合は、because 節が文頭に置かれ、主節が後に来ます。これは、英語ではより重要な情報を後ろに置くためです。次の例では「入学試験が受けられなかった」という結果が重要な情報なので、主節が後ろに来ています。

例) Because I had the flu, I could not take the entrance examination.

　　（インフルエンザにかかったので、私は入学試験を受けることができませんでした。）

　since や as も「理由」を表しますが、because より理由を表す意味は弱く、**since は聞き手もすでに知っていることを理由として挙げる**場合に使われます。また、**as はあまり重要でない理由を補足的に述べる**のに使います。ただし、as は「…するように」（様態）、「…するにつれて」（比例）、「…すると（同時に）」（時）など、接続詞としてさまざまな意味を表すため、文脈によって適切な意味を考えましょう。なお、for は補足的な理由を付け加える時に使われる等位接続詞で、文語的な表現のため、会話ではほとんど使われません。

### ● 目的・結果を表す接続詞

　「…するように、…するために」という目的を表す表現には so that や in order that があり、**so that が最もよく使われます**。通例 so that 節内には**助動詞 can（could）、will（would）**

が含まれ、**「…できるように、…するように」**という意味を成します。

so that は「それで、そのため」と結果を表す用法もありますが、この場合は通例直前にコンマが置かれ、くだけた言い方では that を省略して so だけを用います。

例）She talked in a loud voice **so that** everyone could hear her. **【目的】**

（彼女は全員に聞こえる**ように**大きな声で話しました。）

She talked in a small voice**, so** we could not hear her. **【結果】**

（彼女は小さい声で話しました。**そのため**私たちは彼女の声が聞こえませんでした。）

なお、「理由」を導く接続詞と、「結果」を導く接続詞の使い方を混同しないように注意しましょう。

● **「結果」＋ because 「理由」**

例）I really feel great **because** I slept well last night.

（私はとても気分が良いです。**なぜなら**昨晩熟睡したので。）

● **「理由」＋, so 「結果」**

例）I slept well last night**, so** I really feel great.

（私は昨晩熟睡しました。**そのため**とても気分が良いです。）

**2** This life is worth living, we can say, since it is what we make it.

この人生は生きる価値があると言える。なぜなら人生は自分で作るものなのだから。
William James　1842-1910　アメリカの哲学者、心理学者

worth *doing*：…する価値がある

**since** は聞き手も知っている理由を挙げるのに使われるため、**2** は「（君もわかっている通り）人生は自分で作るものなのだから」というニュアンスが表れています。we can say（…と言える）は文中に挿入されていますが、本来は We can say (that) this life is ... という文です。なお、Life is what you make it. は「人生は自分で作るもの」という意味のことわざ・慣用句です。what は先行詞を含む関係代名詞で「…のもの〔こと〕」という意味です（→ p.194）。文法的に詳しく見ると、make は第5文型（SVOC）で「O を C にする」という意味で使われています。補語に what が置かれ we make it <u>what</u> となり、what が節の先頭に来て、<u>what</u> we make it となっていると考えることができます。

**❸ Don't limit a child to your own learning, for he was born in another time.**

子どもの学びをあなたの知識で制限してはならない。その子は別の時代に生まれたのだから。　　　　　　　　　Rabindranath Tagore　1861-1941　インドの詩人、思想家

learning：(名) 学ぶこと、知識

　**for** は「というのも…だから」という意味で、補足的に理由を付け足す時に使います。**for** をこの意味で使うのは、このようなかたい文章に限られます。**limit A to B** は「A を B に制限〔限定〕する」という意味で、**your own learning**（あなた自身の知識）を上限にして、子ども（の学び）を「ここまでだ」と制限・限定してはならないと述べています。

**❹ Study the rules so that you won't beat yourself by not knowing something.**

ものを知らないことによって自分自身を責めることがないように、ルールを学びなさい。　　　　　Babe Didrikson Zaharias　1911-1956　アメリカの女性アスリート

beat *oneself*：自分を責める

　主節は **Study the rules**（ルールを学びなさい）で、その後に目的を表す **so that** 節が続いています。**so that** 節が you won't ... という否定文で、「…しないように」という意味を表しています。**not knowing** は動名詞の否定形で、「〜を知らないこと」という意味を成しています。

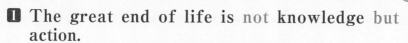

**❶ The great end of life is not knowledge but action.**

人生の偉大なる目的は、知識を得ることではなく、行動することだ。

Thomas H. Huxley　1825-1895　イギリスの生物学者

end：（名）（究極の）目標、目的

## Key point　2つの要素で1つの意味を成す

　等位接続詞を含む複数の語がセットで使われることがあります。❶は第2文型（SVC）で、**not** knowledge **but** action が補語に置かれており、ひとかたまりで「知識ではなく行動」という意味を表しています。このような接続詞を**相関接続詞**と呼びます。

### ● 相関接続詞の意味

　以下の表で、それぞれの意味を確認しましょう。

| 相関接続詞 | 意味 | 動詞の数 |
|---|---|---|
| **both A and B** | A も B も両方とも | 常に複数扱い |
| **not only A but (also) B** | A だけでなく B も | B が単数か複数かに合わせる |
| **not A but B** | A ではなく B | |
| **either A or B** | A か B のどちらか | |
| **neither A nor B** | A も B も…ない | |

　なお、**not because ... but because ～**（…だからではなく～だから）のように、他の句や節と組み合わせて使われる場合もあります。**対応する A と B がそれぞれ離れた位置にあることもある**ため、見逃さないようにしましょう。

### ● 単数・複数の扱い

　主語になった時に、動詞の数をどちらに合わせるかにも注意が必要です。上の表と下の例文をあわせて確認しましょう。

例）**Both** my brother **and** I are university students.

　（兄も私も2人とも大学生です。）

　**Either** my brother **or** I need to go there.

　（兄か私のどちらかがそこに行く必要があります。）

　**Neither** my brother **nor** I live with my parents.

　（兄も私も両親と一緒に住んでいません。）

9

接続詞

**2** I didn't get there by wishing for it or hoping for it, but by working for it.

私は祈ったり願ったりすることで成功したのではなく、目的のために努力したのです。

Estée Lauder 1906-2004 化粧品メーカーの共同創業者

get there：成功する、目標を達成する

not と but の位置が離れていますが、**not ... by A but by B** で「A によってではなく、B によって…だ」となっています。by の後にはそれぞれ動名詞が続き、「祈る、願う、望む」などの意味がある wish、hope と、「働く、努力する」などの意味がある work を対比しています。

**3** The past can hurt. But the way I see it, you can either run from it, or learn from it.

過去の出来事に傷つけられることもあるだろう。でも私が思うに、そこから逃げ出すこともできるが、そこから学ぶこともできる。

Walt Disney 1901-1966 ディズニーの創業者

hurt：（動）～を傷つける　the way I see it：私が思うに

2文目に **either A or B** が使われ、run from it（そこから逃げ出す）か、learn from it（そこから学ぶ）かのどちらかが可能だと述べています。from の目的語 it は、the past（過去、過去の出来事）を指しています。

**4** I see life as both a gift and a responsibility. My responsibility is to use what God has given me to help His people in need.

私は、人生は贈り物であり責任でもあると考えている。私の責任は、神が私に与えたものを、困っている人々を助けるために使うことである。

Millard Fuller 1935-2009 国際NGO（Habitat for Humanity）創設者

see A as B：A を B とみなす　responsibility：（名）責任、責務　in need：困っている

1文目は第3文型（SVO）で、as の後ろが **both A and B** になっています。2文目は第2文型（SVC）で、to use 以下が補語です。what God has given me（神が私に与えたもの）が use の目的語で、to help 以下は use の目的を表しています。一神教の「神」は God や His のように頭に大文字が使われます。

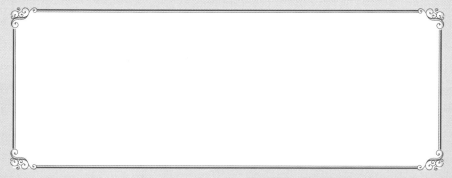

お気に入りの名言を書き込みましょう

# Andy Warhol
## （アンディ・ウォーホル）

1928-1987　芸術家、ポップアートの旗手

アンディ・ウォーホル（本名：Andrew Warhola アンドリュー・ウォーホラ）はアメリカン・ポップアートのパイオニアです。20 代を商業デザイナーとして過ごし、芸術家の道に入ってからも日常的で大衆的なものをモチーフとし、独創性・希少性に価値を置くアートの既成概念を壊す作品を次々と発表しました。アメリカ人なら誰でも知っているキャンベル社のスープ缶やマリリン・モンローをモチーフとした作品などが有名です。有名人の肖像画も多く手がけ、1984 年冬季サラエボ・オリンピックの公式ポスターも制作しました。

## 商業デザイナーからアーティストへ

彼は 1928 年アメリカ・ペンシルベニア州で生まれました。子どもの頃から絵が得意だった彼は大学で絵画とデザインを学んだ後、21 歳の時にニューヨークに移り、雑誌の広告やイラストを手掛けます。広告デザインの国際賞である「アート・ディレクターズ・クラブ賞」を受賞するなど実力が認められ、商業デザイナーとして成功を収めます。

その後、芸術家に転身。当初はアクリル絵の具を使ってキャンバスに絵を描いていましたが、のちにシルクスクリーンと呼ばれる版画作品を発表し、話題となります。それらの作品のモチーフとなったのは、大衆文化や大量生産品でした。彼は大量生産の特性について、次のような言葉を残しています。

## A Coke is a Coke and no amount of money can get you a better Coke.

コーラはコーラであって、お金を出せば、もっと良いコーラが買えるわけじゃないんだ。

「裕福な人もそうでない人も、誰でも同じものを買える。」「大統領だって誰だって同じコーラを飲む。」ウォーホルは日常に存在する物事にこうした魅力を見出し、自らの作品もシルクスクリーンの技法を通して量産していきます。

## ポップアートへの評価

　従来、絵画や美術品は、宗教性や精神性、自然の美しさなど、何らかのメッセージが込められている作品が価値あるものとされていました。それに対して、彼の作品のテーマは、誰もが日常的に口にしているスープやコカ・コーラ、誰もが知っているハリウッド女優などであり、当時それらは、芸術作品のテーマとしては受け入れられがたいものでした。しかも、1点1点時間をかけて描くのではなく、複製が可能な版画だったため、美術業界では劣ったものと評価されました。彼の作品は、役目が終われば廃棄されてしまうポスターと同じようなものと考えられ、芸術とは認められなかったのです。

　ところが、個展で展示された「キャンベル・スープ缶」や「マリリン・モンロー」などの作品が人気を博し、世間は彼を高く評価します。そうしてポップアートは、1960年代のアメリカで一大ムーブメントを巻き起こしました。

## 新しい芸術の在り方を模索して

　ただし、彼自身は、作品に対する周囲の評価や、芸術家という職業について、次のように述べています。

**Don't think about making art, just get it done. Let everyone else decide if it's good or bad, whether they love it or hate it. While they are deciding, make even more art.**

芸術作品を作ることについて考えないで、ただ終わらせるんだ。いいとか悪いとか、好きだとか、嫌いだとかは、他の人に決めてもらえばいい。彼らが決めている間に、もっと多くの作品を作るんだ。

**An artist is somebody who produces things that people don't need to have.**

芸術家とは、人々が持つ必要のないものを作る人のことである。

# Why do people think artists are special? It's just another job.

なぜ人々は芸術家が特別だと思うんだろう？　ただ自分とは別の仕事というだけなのに。

　芸術には込められた意図や意味があり、1つ1つの作品が特別なものであり、芸術家はより良いものを生み出そうと苦心する。彼が思い描いた芸術の在り方は、そうした従来の価値観に真っ向から対立していたことがわかります。それまで芸術のテーマとして考えられていなかったものに注目し、新しい分野を開拓していったアンディ・ウォーホル。彼の作品は今でも大変人気があり、Ｔシャツに印刷されるなど、美術館以外でも目にすることが多いですが、それもポップアートの醍醐味ですね。

アンディ・ウォーホルの名言 → p.153

# Part 2 Chapter 10

## 関係詞

　関係詞は、**名詞の後ろに置かれて関係詞節を導き、名詞を修飾する働きをします**。つまり、関係詞節は、文の中で**形容詞の働き**をします。修飾される名詞を**先行詞**と呼び、句や節が先行詞になることもあります。

　関係詞には主に2種類あり、いずれも**節と節を結ぶ接続詞の役割**を含んでいます。通例2つの節を結ぶためには接続詞が必要ですが、関係詞を使う時は、接続詞は必要ありません。
❶ **関係代名詞**：**接続詞**と、先行詞の代わりをする**代名詞**の役割を兼ねる。
❷ **関係副詞**：**接続詞**と、場所・時などを表す**副詞**の役割を兼ねる。

例）私は中国語を話せる少年に会いました。

I met a boy **and he** can speak Chinese.

※接続詞 and が2つの節をつないでいる。

I met a boy **who** can speak Chinese.

※関係代名詞 who が、接続詞 and と代名詞 he を兼ねる。

> **❶ The man who has no imagination has no wings.**
> 想像力のない者には翼がない。
>
> Muhammad Ali　1942-2016　アメリカのプロボクサー

≡Close-up Column Muhammad Ali（モハメド・アリ）p.162

## Key point　先行詞と、関係代名詞の役割を確認

### ● 関係代名詞の使い分け

　関係代名詞には**主格・目的格・所有格**があり、関係詞節の中でどのような役割をするかによっていずれかを選択します。格の使い分けは、人称代名詞と同じです（p.21）。関係代名詞は、**格**と、**先行詞が人か人以外かに**よって以下のように使い分けます。

| 先行詞 | 主格（は・が） | 目的格（を・に） | 所有格（の） |
|---|---|---|---|
| 人 | **who / that** | **who / whom / that** | **whose** |
| 人以外 | **which / that** | **which / that** | |

※目的格は省略されることが多い。口語では whom より who が使われることが多い（p.190）。
※上記の他、what は先行詞なしで用いる（p.194）。

### ● 関係代名詞の位置

　**関係代名詞は原則として先行詞のすぐ後に置かれ、関係詞節の先頭に来ます。**❶は第３文型（SVO）で、文の骨格となるのは The man ... has no wings.（…な人には翼がない。）です。主語の the man を関係詞節 who has no imagination（その人は想像力がない）が修飾し、どんな人なのか説明しています。先行詞 the man が「人」で、関係詞節中の「主語」の働きをしているので、関係代名詞は主格の **who** が使われています。

The man｜who has no imagination has no wings.
　S　　（S）（V）　　（O）　　　 V　 O

### ● 動詞の数の一致

　**関係代名詞の扱いが単数か複数かは、先行詞に合わせます。**❶の先行詞 the man は３人称単数です。さらに時制は現在なので、関係詞節は who has no imagination と述語動詞が３人称単数現在形の has になっています。

**2** The only man who never makes mistakes is the man who never does anything.

失敗しない唯一の人間は、何もしない人間だ。

Theodore Roosevelt　1858-1919　第 26 代アメリカ合衆国大統領

　第 2 文型（SVC）で、文の骨格となるのは The only man ... is the man ～（…な唯一の人間は～な人間だ）です。主語 the only man と、補語 the man を、それぞれ関係詞節が修飾し、どんな人間なのか説明しています。両方とも先行詞は「人」で、関係代名詞が節中で never makes〔does〕という動作をする「主語」の働きをするので、主格の **who** が使われています。

The only man who never makes mistakes is the man who never does anything.
　　S　　　　(S)　　　　(V)　　　(O)　　V　C　(S)　　　(V)　　　(O)

---

**3** Success usually comes to those who are too busy to be looking for it.

成功はたいてい、それを探し求めている暇もないほど忙しくしている人のところへやって来る。

Henry David Thoreau　1817-1862　思想家、ナチュラリスト

　those は関係代名詞 **who** の先行詞で、those who ... は「…する人々」という意味でよく使われます。先行詞 those は複数形なので、be 動詞は are になっています。too ～ to do（…するには～すぎる、～すぎて…できない）は、busy を修飾しています。

Success usually comes to those who are too busy to be looking for it.
　　S　　　　　　V　　　　　(S)　(V)　　　(C)

---

**4** They know enough who know how to learn.

学び方がわかっている人は、それだけで十分物事を知っている。

Henry Adams　1838-1918　アメリカの思想家、歴史家

　主語が they、述語動詞が know の第 1 文型（SV）です。副詞 enough（十分に）は know を修飾して、「どれくらい知っているか」を表しています。**who** の先行詞はすぐ前の enough ではなく、主語の they です。先行詞が文の主語の時、直後に関係詞節を続けると、主語が長くなりすぎるため、先行詞と離して後ろに置くことがあります。

They know enough who know how to learn.
　S　V　　　　　(S)　(V)　　(O)

# Section 2. 主格の関係代名詞 which / that ♪ 072

❶ **All good things** which **exist are the fruits of originality.**
存在するすべての良いものは、独創性の産物である。

John Stuart Mill　1806-1873　イギリスの哲学者

exist：（動）存在する　the fruits：成果、産物

## Key point　that にはよく使われるパターンがある

### ● which と that

　先行詞が「人以外」の時は、主格でも目的格でも、両方とも **which** を使います。また、関係代名詞 **that** は先行詞が人でもそれ以外でも、主格と目的格の両方に使うことができます。ただし、that は前置詞の目的語になることはできません（p.190）。

　❶は第2文型（SVC）で、文の骨格は All good things ... are the fruits ...（…なすべての良いものは産物である）です。**which exist** は関係詞節で、先行詞 all good things を修飾しています。先行詞が「人以外」で、関係詞節中の「主語」の役割をしているので、主格の **which** を使っています。先行詞が複数形なので、動詞に3単現の -s はついていません。

All good things | which | exist | are the fruits of originality.
　S　　　　　　　(S)　　(V)　V　　　　C

### ● that が好まれるパターン

　次のような場合は、who や which よりも that が好まれます。

❶ 先行詞に **the only**、**the same**、〈**the ＋序数詞**〉、〈**the ＋最上級**〉などがつき、決まった1人〔1つ〕を指す場合

❷ 先行詞に **all**、**every**、**any**、**no** などの修飾語がつく場合

❸ 先行詞が **everything**、**anything**、**nothing** などの場合

❹ 先行詞に「**人**」と「**人以外**」の**両方**が含まれている場合

❷ **Art is the lie** that **enables us to realize the truth.**
芸術は、真実に気づかせてくれる嘘である。

Pablo Picasso　1881-1973　20世紀最大の画家

enable O to *do*：O が…するのを可能にする（p.92）　realize：（動）〜に気づく、〜を悟る

188

文の骨格は Art is the lie ...（芸術は…な嘘だ）という第２文型（SVC）です。関係詞節が先行詞 the lie を後ろから修飾し、どんな嘘かを説明しています。先行詞は「人以外」で、「嘘が～を可能にする」と関係代名詞が節中の「主語」の役割をしています。which も使えますが、ここでは that が使われています。先行詞が３人称単数で、時制は現在なので、関係詞節の述語動詞に enables と s がついています。

**Art is the lie that enables us to realize the truth.**
S　V　　C　　(S)　　(V)　(O)　　　＋ to 不定詞

---

## ❸ He's my friend that speaks well of me behind my back.

陰で私を褒めてくれる人が、私の友人である。

Thomas Fuller　1608-1661　イギリスの聖職者、歴史家

---

speak well of：（人を）誉める　behind *one's* back：その人のいない所で

He's my friend ...（…な人は私の友人だ）という第２文型（SVC）です。that 以下は関係詞節で、先行詞は文頭の He です。he who〔that〕... の he は特定の男性ではなく、「…する人は（誰でも）」という意味でよく使われる表現です。ここでは先行詞と関係詞節が離れているので注意が必要です。先行詞は「人」で、関係代名詞が節中の「主語」の役割をしているので、主格の who も使えますが、ここでは that が使われています。

**He's my friend that speaks well of me behind my back.**
S　V　　C　　(S)　　(V)

---

## ❹ Goodness is the only investment that never fails.

善い行いは、決して失敗しない唯一の投資である。

Henry David Thoreau　1817-1862　思想家、ナチュラリスト

---

goodness：（名）善良さ、親切心

関係詞節が the only investment（唯一の投資）を後ろから修飾し、どんな投資なのかを説明しています。先行詞 the only investment は「人以外」で、節中の「主語」の役割をしているので、主格の関係代名詞を使います。ここでは先行詞に the only がついているので、that が使われています。

**Goodness is the only investment that never fails.**
　S　　V　　　C　　　　　(S)　　　(V)

**❶ The only thing we have to fear is fear itself.**
我々が唯一恐れなければならないのは、恐れそのものだ。

Franklin Roosevelt 1882-1945 第32代アメリカ合衆国大統領

## Key point　動詞の目的語になる関係代名詞はしばしば省略される

### ● 目的格の関係代名詞

**目的語は通常、動詞や前置詞の後に置かれますが、関係詞節では先頭に来ます**。目的格は、先行詞が「人」なら whom（略式は who）、「人以外」なら which で、that はどちらにも使えます。that が好まれるパターンは、p.188 にある通りです。

例）I have a friend (whom) I often call.（私にはよく電話する友達がいます。）
　　 S　 V　 　O　 　(O)　(S)　　(V)

→通常の語順では、I often call her. のように、目的語は述語動詞 call の後に置かれます。
　しかしこの文では her の代わりをする関係代名詞 whom が、先行詞 a friend の直後に置かれ、(whom) I often call と関係詞節の先頭に来ています。

### ● 動詞の目的語になる場合

関係代名詞が**動詞の目的語になる場合は、しばしば省略されます**。**❶** は the only thing ... is fear（…な唯一のものは恐れだ）という第2文型（SVC）で、先行詞 the only thing が関係詞節に修飾されています。通常の語順は we have to fear it で、fear（～を恐れる）の目的語 it の代わりに関係代名詞 that が使われますが、ここでは省略されています。

The only thing (that) we have to fear is fear itself.
　　 S　　　 (O)　(S)　　 (V)　 　V　 C

### ● 前置詞の目的語になる場合

関係代名詞が前置詞の目的語になる場合、前置詞の位置には2つのパターンがあります。例えば talk about（～について話す）を使って「これがあなたに話した本です。」と言う場合、次のように表現できます。

❶ 前置詞が後ろに残って、前置詞の目的語の役割をする関係代名詞と離れる。
　例）This is the book (which〔that〕) I told you **about**.
　※ which または that を省略すると、よりくだけた表現になる。

❷ 前置詞が関係代名詞の直前に置かれる（文語的な表現）。

例）This is the book **about which** I told you.

※このパターンでは、関係代名詞を省略できない。また、**that** を使うことはできない。

---

**②** Experience is the name everyone gives to his mistakes.

経験というのは、誰もが自分の失敗に対してつける名前のことである。

Oscar Wilde　1854-1900　アイルランド生まれの詩人、劇作家

---

give a name to：〜に名前をつける

Experience is the name ...（経験は…な名前だ）という第２文型（SVC）で、the name を関係詞節が修飾しています。先行詞 the name は「人以外」で、関係詞節の述語動詞 gives の「目的語」となる関係代名詞が使われます。したがって which / that が適切ですが、ここでは省略されています。人生に失敗はつきものですが、それも経験だと考えることもできますね。

Experience is the name（which）everyone gives to his mistakes.
　S　　　V　　　C　　（O）　　（S）　　（V）

---

**③** Silence is the potential from which music can arise.

静寂とは、そこから音楽が立ち現れる可能性のことである。

Keith Jarrett　1945-　アメリカのピアニスト、作曲家

---

potential：（名）可能性　arise：（動）現れる

Silence is the potential ... という第２文型（SVC）で、先行詞 silence と関係詞節の from which ... が離れています。which は silence を受けて、前置詞 from の「目的語」の働きをし、「静寂から」という意味を表しています。Silence is the potential. Music can arise from it(= silence).（静寂とは可能性である。音楽はそこから立ち現れる。）という２つの文を、１文で表現しています。

Silence is the potential from which music can arise.
　S　　V　　　C　　　　　　　　（S）　　（V）

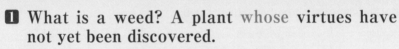

**❶ What is a weed? A plant whose virtues have not yet been discovered.**

雑草とは何か？　その美点がまだ発見されていない植物のことである。

Ralph Waldo Emerson　1803-1882　アメリカの思想家、詩人

weed：（名）雑草　virtue：（名）美点、長所

## Key point　所有格は先行詞にかかわらず whose

　関係代名詞の所有格は、先行詞が人か人以外かにかかわらず、whose を使います。whose は必ず、先行詞が所有する名詞を後ろに伴います。つまり**〈whose ＋名詞〉の形で使われ、そのかたまりが、関係詞節中の主語や目的語などの役割をします**。

**【主語になる】**

I have a friend **whose** father is an artist.　※ **and her** father is ... と言い換えられる。
S V　　O　　　　（S）　　（V）　（C）

（私には、お父さんが芸術家の友達がいます。）

**【目的語になる】**

I have a friend **whose** father I really respect.　※ **and** I really respect **her** father と言
S V　　O　　　　（O）　　（S）　　　（V）　　　　い換えられる。

（私には、その人のお父さんを（私が）とても尊敬している友達がいます。）

　**❶**の A plant ... は文ではなく、A plant（植物）という単語だけで「雑草とは何か」という質問に答えています。関係詞節が先行詞 A plant を後ろから修飾し、どんな植物なのかを説明しています。関係詞節の主語は「a plant の virtues」なので、whose virtues で表されています。これは **and its** virtues have not ... と言い換えられます。

A plant whose **virtues** have not yet been discovered.
　　　　　　　（S）　　　　　　　（V）

　なお、関係詞節の述語動詞は have not yet been discovered（まだ発見されていない）と、現在完了形の受動態になっています。受動態になっているのは、その植物の美点は「（人に）発見される」ためです。

# （参考）関係代名詞の制限用法と非制限用法

Section 1 〜 4 で説明してきた**先行詞を修飾する関係代名詞の使い方**を**制限用法**（限定用法）と言います。これは形容詞の限定用法（p.18）と同じく、名詞を修飾して「どんなもの〔人〕なのか」を限定する使い方です。それに対し、**先行詞に補足説明を加える関係代名詞の使い方**を**非制限用法**（継続用法）と言います。非制限用法は、書き言葉では関係代名詞の前にコンマがつきます。これらを区別しないと、英文の意味を取り違えることがあるので注意が必要です。

### ● 制限用法

Tom introduced us to a client **whom** he has known for a long time.
（トムは私たちを、彼が長年付き合いのあるクライアントに紹介してくれた。）

→ a client を関係代名詞 whom の導く節が修飾し、**「どんなクライアントか」**を説明しています。つまり、いろいろなクライアントがいる中で、**「トムが長年付き合いのあるクライアント」**に限定しています。

### ● 非制限用法

Tom introduced us to a client, **whom** I had met before.
（トムは私たちをクライアントに紹介してくれたが、私は以前その人に会ったことがあった。）

→コンマがあるので、「私が会ったことのあるクライアント」という制限用法の意味ではありません。この場合、「クライアントに紹介してくれた」という情報に対して、**「私はその人に会ったことがあった」という補足情報を付け加えています**。これは、and または but などの接続詞と代名詞を使って次のように言い換えることができます。
Tom introduced us to a client, **and**〔**but**〕I had met **him** before.

制限用法は、不特定のものについて、どのようなものかを限定する使い方のため、固有名詞や、1つしか存在しないもの、文脈上特定されるものは先行詞になりません。こうした特定のものについて説明を加える時は、非制限用法が使われます。

Maki, **who** has gone to Australia to learn English, will be back next month.
（マキは英語を学ぶためオーストラリアに行っていましたが、来月帰って来る予定です。）
→制限用法を使うと、何人かいるマキの中で「オーストラリアに行っていたマキ」に限定することになり、不自然。

**1** Don't criticize what you don't understand, son.
You never walked in that man's shoes.

自分に理解できないことを批判するな。その人の立場を経験したこともないんだから。

Elvis Presley　1935-1977　アメリカの伝説的ロックスター

son：君（青年に対する呼びかけ）　walk in *one's* shoes：その人の立場を体験する

## Key point　what は先行詞を含んで「…なこと〔もの〕」を表す

### ● what は先行詞を含む

　Section 4 までの関係代名詞が導く節は、名詞の後ろに置かれ、「…な友達」、「…なレストラン」のように名詞（先行詞）を修飾します。つまり、文の中で形容詞の役割をします。ところが、**関係代名詞の what には先行詞がなく、それ自体に「もの〔こと〕」を表す先行詞を含んでいます**。これは多くの場合、the thing which〔that〕で言い換えることができます。

### ● 〈what（＋S）＋V〉は「…なこと〔もの〕」を表す

　**関係代名詞の what は、〈what（＋S）＋V〉の形で用いられ、漠然と「…なこと〔もの〕」を表します**。what は主に、関係詞節中の**主語または目的語**の役割をします。

例）**what** he said（彼が言ったこと）　← he said ～（彼が～と言った）
　　　O　S　V　　　　　　　　　　　S　V　O　　　　　【what は目的語の役割】

　　**what** is certain（確かなこと）　← ～ is certain（～が確かである）
　　　S　V　C　　　　　　　　　　　S V　C　　　　　【what は主語の役割】

### ● 〈what（＋S）＋V〉はひとかたまりで名詞の役割をする

　what はそれ自体に先行詞となる名詞を含んでいるので、**〈what（＋S）＋V〉は、ひとかたまりで「…なこと〔もの〕」という名詞の役割をし**、通常の名詞と同じように、**文の中で主語、目的語、補語の役割をします**。次の例では、what he said が文の主語になっています。

例）What he said is true to some extent.（彼が言ったことは、ある程度正しいです。）
　　　S　　　　V　C

　**1**では、what you don't understand（あなたが理解できないこと）が、criticize（～を批判する）の目的語になっています。また、what は関係詞節中の述語動詞 understand の目的語になっています。

Don't criticize what you don't understand, son.　← what you don't understand
　　V　　　　　　　O　　　　　　　　　　　　　　　(O) (S) 　 (V)

**2** **Your regrets aren't** what **you did, but** what **you didn't do. So I take every opportunity.**

後悔というのは、自分が何をしたかではなく、何をしなかったか。だからどんな機会も逃さないようにしているの。　　　　Cameron Diaz　1972-　アメリカの元女優

1文目は第2文型（SVC）で、not A but B（AではなくB）で結ばれた2つの what 節が補語の役割をし、後悔するのは what you did（自分がしたこと）ではなく what you didn't do（自分がしなかったこと）だと述べています。両方とも、関係代名詞 what は節中の述語動詞 did〔didn't do〕の目的語の役割をしています。

Your regrets aren't what you did, but what you didn't do. ← what you did(n't do)
　　S　　　　V　　　C　　　　　　C'　　　　　　　(O)　(S)　(V)

**3** **Education is** what **remains after one has forgotten everything he learned in school.**

教育とは、学校で学んだあらゆることを忘れてしまった後に、その人の中に残っているもののことだ。　　Albert Einstein　1879-1955　ドイツ生まれの物理学者

■Close-up Column Albert Einstein（アルベルト・アインシュタイン）p.30

what 節が第2文型（SVC）の補語として「教育とは何か」を表しています。what remains（残っているもの）が関係詞節の SV で、after 以下は時を表す副詞節です。after 節の中は第3文型（SVO）で、he learned in school が everything を修飾しています。

Education is what remains ...　← what remains after ...
　　S　　V　　C　　　　　　　(S)　(V)

**4** **The most important thing in communication is hearing** what **isn't said.**

コミュニケーションにおいて最も大事なことは、言葉にされないことに耳を傾けることだ。　　Peter Drucker　1909-2005　経営学者、マネジメントの父

第2文型（SVC）で、hearing what isn't said が補語です。what isn't said（言葉にされないこと）は、動名詞 hearing の目的語です。isn't said と受動態になっているのは、what（＝物事）は言葉に「する」のではなく「される」ものだからです。

The most important thing ... is hearing what isn't said.　← what isn't said
　　　　　　S　　　　　　V　　　C　　　　　　　　(S)　(V)

> ❶ Start where you are. Use what you have. Do what you can.
> 今いるところから始めよう。今あるものを使って、できることをするんだ。
> Arthur Ashe　1943-1993　黒人プロテニス選手の先駆け

#### 関係副詞の働き

　関係副詞は、関係詞節の中で副詞の役割をします。次の文では、先行詞 the place を、関係詞節 **where** we have regular meetings が修飾しています。これは下の a）と b）が組み合わさった文で、where は２つの文をつなぐ接続詞の役割と、関係詞節における副詞の役割を兼ねています。

例）This is the place **where** we have regular meetings.

（ここは私たちが定例会議を開く場所です。）

a）This is the place. ＋ b）We have regular meetings **there**.

#### 関係副詞の種類

　関係副詞には次の４種類があり、先行詞によって使い分けます。先行詞または関係副詞を省略することもあります。また、これらの代わりに that が使われることもあります。

| 関係副詞 | **where** | **when** | **why** | **how** |
|---|---|---|---|---|
| 先行詞 | place, situation, case など | time, day など | reason | なし |
| 意味 | …する場所 など | …する時 など | …する原因・理由 | …する方法・手段 |

　❶ の **where** you are は「あなたのいるところから」という意味で、先行詞 the place が省略されています。なお、ここでは「～から」を表す前置詞 from も省略されており、〈前置詞＋先行詞〉が省略される場合、where は場所を表す副詞節を導く接続詞と考えることもできます。

#### 関係代名詞と関係副詞の違い

　関係代名詞と関係副詞の違いは、通常の代名詞と副詞の違いと同じです。**代名詞は文の要素になりますが、副詞は修飾語で、文の要素にはなりません。**

　そのため、**関係代名詞の後ろには不完全な文が続き、足りない文の要素を関係代名詞が補って完全な文となります。**それに対し**関係副詞の後ろには完全な文が続き、関係副詞がなくとも文が**

**成り立ちます**。先の例では where に続く we have regular meetings は第3文型（SVO）の完全な文になっています。

---

**❷** The only place where success comes before work is in the dictionary.

成功（success）が努力（work）より先に来るのは、辞書の中だけだ。

Vidal Sassoon（※諸説あり）　1928-2012　世界的なヘアスタイリスト

---

文の骨格となるのは The only place ... is in the dictionary. です。関係詞節の **where success comes before work**（成功が努力より先に来る）が先行詞 **the only place**（唯一の場所）を修飾しています。success comes before work は第1文型（SV）＋修飾語の完全な文です。アルファベット順に単語が並ぶ辞書の中では、s で始まる success が w で始まる work より先に来ますが、現実の世界では努力なくして成功はないということですね。

The only place where **success comes** before work is in the dictionary.
　　　S　　　　　　　　　 (S)　　 (V)　　　　　　 V　　　 C

---

**❸** The world is round and the place which may seem like the end may also be only the beginning.

地球は丸い。終わりのように思える場所が、始まりの場所に過ぎない可能性もある。

Ivy Baker Priest　1905-1975　アメリカの女性政治家

---

round：（形）丸い　seem like：～のように見える〔思える〕

and の後ろの節の骨格は the place ... may also be ... the beginning（…な場所が、始まりでもあるかもしれない）です。❷と同じく the place が先行詞ですが、❸では関係代名詞 which が使われていることに注意しましょう。 which may seem like the end（終わりのように思えるかもしれない）が先行詞 the place を修飾していますが、may seem like the end は主語が欠けている不完全な文です。そのため、関係詞節の主語の役割をする主格の関係代名詞 which が使われています。

... the place which **may seem** like the end may also be only the beginning.
　　　S　　　(S)　　 (V)　　　 (C)　　　　　 V　　　　　　C

**4** All good ideas start out as bad ideas; that's why it takes so long.

すべての良いアイデアは、悪いアイデアから始まる。だから、良いアイデアが生まれるのにはとても時間がかかるんだ。

Steven Spielberg　1946-　アメリカの映画監督

take：(動)(時間) がかかる　(so) long：(名)(とても) 長い時間

　that's why ... は、関係副詞 why の前に先行詞 the reason が省略されています。why の後ろの it takes so long は第3文型 (SVO) の完全な文です。long はここでは「長い時間」という意味の名詞と考えることができます。**that's why ... は前の文を受けて「そんなわけで …だ」という意味の表現としてよく使われます**。that's the reason (why) ... も同様の意味です。

...; that's why it takes so long.　← why it takes so long
　　S　V　　　C　　　　　　　　(S)　(V)　(O)

**5** I always did something I was a little not ready to do. I think that's how you grow.

私はいつも、まだ少し準備ができていないと思うことに取り組んできました。それこそが成長の方法なのだと思います。

Marissa Mayer　1975-　Yahoo! 元 CEO、Google 元副社長

a little：少し　be ready to *do*：…する準備ができている

　1文目は第3文型 (SVO) で、先行詞 something を関係詞節 I was a little not ready to do が修飾しています。2文目の **that's how ... は「それが…する方法・手段だ」という意味です**。that's the way ... と言うこともできますが、the way と関係副詞 how を同時に使うことはできません (× *That's the way how ...*)。

that's how you grow　← how you grow
　S　V　　C　　　　　　(S)　(V)

198

**6** The two most important days in your life are the day you are born and the day you find out why.

人生で最も大切な日は2つある。自分が生まれた日と、自分がなぜ生まれたかがわかった日である。　　Mark Twain　1835-1910　19世紀アメリカを代表する作家

■ Close-up Column Mark Twain（マーク・トウェイン）p.42

　第2文型（SVC）の文で、骨格は The two ... days are the day ... and the day ...（... な2つの日は、…な日と…な日だ）です。両方とも the day の後ろに関係詞節が続き、それぞれどんな日なのかを説明しています。先行詞 the day の後ろの you are born（自分が生まれる）も you find out why（なぜなのかがわかる）も完全な文で、両方とも関係副詞は when が使われますが、ここでは省略されています。

The two ... days ... are the day ... and the day ....
　　S　　　　　　V　　　　　C

← the day（**when**）**you are born** and the day（**when**）**you find out why**
　　　　　　　　　　(S)　(V)　　　　　　　　　　　　　　(S)　(V)　(O)

♪ 077

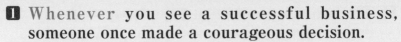

**❶ Whenever you see a successful business, someone once made a courageous decision.**
成功した事業を見ると必ず、誰かがかつて勇気ある決断をしたことがわかる。

Peter Drucker　1909-2005　経営学者、マネジメントの父

courageous：（形）勇気ある、度胸のある

## Key point　「…する時はいつでも」「どんなに…でも」などの意味を表す

when、how、where などの後ろに –ever がついたものを**複合関係詞**と呼びます。

### ● 複合関係副詞

複合関係副詞が導く節は副詞の役割をし、以下の2通りの意味があります。

**❶ …する時〔ところ〕はいつ〔どこ〕でも**

| whenever | …する時はいつでも、…する時は必ず（→❶、❷） |
| | ※ at any time、every time、when に言い換え可能。 |
| wherever | …するところはどこでも |
| | ※ at any place、where に言い換え可能。 |

**❶**は、whenever you see a successful business（成功した事業を見ると必ず）が副詞節で、someone 以下が主節です。

**❷ いつ〔どこで〕…しようとも、どんなに…でも**

| whenever | いつ…しようとも |
| wherever | どこで〔へ〕…しようとも |
| however | どんなに…でも、どんなふうに…しても　（→❸） |

※ however は〈however（＋形容詞〔副詞〕）＋ S ＋ V〉の形で、主張を強める働きをする。
※すべて **no matter when / where / how** で言い換え可能（→❹）。

### ● 複合関係代名詞

複合関係代名詞は **whoever**、**whatever**、**whichever** の3つで、次の意味を表します。

**❶**「…する人〔もの〕は誰〔何、どれ〕でも」という意味の**名詞節**を導く
　例）You can buy **whatever** you want.（ほしいものは**何でも**買って良いですよ。）

**❷**「誰〔何、どれ〕が…しようとも」という意味の**副詞節**を導く
　例）**Whoever** wins, I don't care.（**誰が勝っても**私は気にしません。）

**2** Whenever an individual or a business decides that success has been attained, progress stops.

個人であれ会社であれ、成功を手に入れたと思った時に、進歩は止まる。

Thomas J. Watson 1874-1956 IBM の初代社長

individual：(名) 個人 decide：(動) …と判断する attain：(動) ～を手に入れる

　最後の progress stops（進歩は止まる）が主節で、whenever ... attained が「…する時は必ず」という副詞節です。whenever 節内は第3文型（SVO）で、that 節が decides の目的語です。that success has been attained は「（今）成功を収めた状態である」ことを現在完了形で表しており、成功は「手に入れられる」ので、受動態となっています。

Whenever <u>an individual or a business</u> <u>decides</u> <u>that success has been attained</u>,
　　　　　　　　(S)　　　　　　　　　　(V)　　　　　　(O)

<u>progress stops</u>.
　　S　　　V

**3** However difficult life may seem, there is always something you can do and succeed at.

人生がどんなに困難に思えたとしても、あなたにできることや成功できることが必ずあるんだよ。

Stephen Hawking 1942-2018 イギリス生まれの物理学者

**≡ Close-up Column** Stephen Hawking（スティーブン・ホーキング）p.96

　本来は life may seem difficult という SVC の語順ですが、however を使っているのでその直後に形容詞 difficult が続いています。主節は there is always something で、something を you can do（あなたができる）と（you can）succeed at（あなたが～で成功できる）が修飾しています。

However <u>difficult</u> <u>life</u> <u>may seem</u>, there is always something ...
　　　　(C)　　(S)　　(V)　　　　V　　　　　S

10

関係詞

201

**4** The great thing about a computer notebook is that no matter how much you stuff into it, it doesn't get bigger or heavier.

ノートパソコンの素晴らしいところは、どれだけその中に詰め込んでも、大きくも重くもならないことだ。　　　　　Bill Gates　1955-　マイクロソフトの共同創業者

The great thing ... is that ...（…の素晴らしいところは、…ということだ）という第2文型（SVC）の文です。that 節の中では、**no matter how much** you stuff into it（その中にどれだけ詰め込んでも）が副詞節で、it doesn't 以下が主節です。

**... that** no matter how much **you stuff** into it, it doesn't get bigger or heavier.
　　　　　　　　　　(S)　(V)　　　　S　　V　　　　　　　C

お気に入りの名言を書き込みましょう

# Malala Yousafzai
（マララ・ユスフザイ）

1997-　パキスタン生まれの人権活動家

すべての少女が教育を受けられる社会を目指して、闘い続ける1人の女性がいます。2012年、スクールバスでイスラム過激派に銃撃された少女のニュースを記憶している方もいるでしょう。次の言葉は、彼女、マララ・ユスフザイが、2014年にノーベル平和賞を授賞した際のスピーチの一部です。

> **Why is it that countries which we call "strong" are so powerful in creating wars (※), but are so weak in bringing peace? Why is it that giving guns is so easy, but giving books is so hard? Why is it that making tanks is so easy, but building schools is so hard?**
>
> なぜ「強い」と言われる国々は、戦争を創り出すことにおいてはとても強いのに、平和をもたらすことにおいてはこんなに弱いのでしょう。なぜ銃を与えることはとても簡単なのに、本を与えることはこんなに難しいのでしょう。なぜ戦車を作るのはとても簡単なのに、学校を建てるのはこんなに難しいのでしょう。

Why is it that …? : …なのは一体なぜですか。
※「戦争をする」は通常は make〔conduct/fight/wage/carry on〕a war.

## 奪われた少女たちの権利

マララの教育への願いは、多くの少女たちの願いでもあります。彼女の生まれたパキスタンでは今なお残る家父長制により女性は従属的な立場に置かれ、満足な教育が受けられていません。私たちにとって日本語の読み書きができるのは当たり前のことですが、パキスタンの識字率（日常生活に必要な読み書きができる人の割合）は60%程度と言われており、女性に限るとその数字はさらに低くなります。文字が読めないことの不利益は、知識を得られない、将来就く仕事を選べない、といったことにとどまらず、地雷畑の"Danger（危険）"という注意書きすら読めず、踏み込んで命を落とす子どもたちもいます。また、薬の注意書きが読めないことによる誤飲・死亡事故も起きており、まさしく「生きる」ために必要な教育が行き届いていないのです。

そのようなパキスタン社会では、女の子が生まれても喜ばなかったり、学校へ行かせる必要はないと考える親も多い中、マララの父親は違いました。教師として学校を経営し、妻を対等なパートナーと考えていた彼は、娘の誕生をとても喜びます。マララは理解ある両親の下、幼い頃から強い意志を持ち、父親の学校で多くのことを学んでいました。

ところが、イスラム過激派組織・タリバンが彼女の住む地域を支配するようになり、状況が一変します。テレビや楽器の演奏が禁止され、学校が破壊され、女性の教育や就労の機会が奪われました。この状況を世界に伝えるため、彼女はブログを投稿し続けます。そしてタリバンの怒りを買った彼女は、スクールバスに乗り込んできた男に顔面左側を銃で撃たれ、瀕死の重傷を負ったのです。

# すべての少女が教育を受けられる日まで

イギリスで治療を受けた彼女はしばらく意識不明の状態が続きましたが、奇跡的に一命をとりとめます。回復した彼女には2つの選択肢がありました。1つは静かにおとなしく暮らす生き方。もう1つは、助かった命を最大限活かす生き方。彼女は後者を選び、すべての少女が学校へ通える日まで闘うと決めました。そして、彼女のために送られた寄付金を基に父親とともにマララ基金を立ち上げました。

2013年に国連で行われたスピーチでは、彼女はさまざまな理由で教育の機会を奪われている子ども、特に女の子の教育を受ける権利について熱い思いを伝えました。過激派組織にとって最大の脅威となるものが教育であり、教育の力が世界を変えること。そして、攻撃を受けたことに対する復讐の気持ちはなく、むしろテロリストやその子どもたちにも教育を受けてほしいのだということを訴えました。そして、その最後をこう締めくくっています。

**Let us pick up our books and our pens, they are the most powerful weapons. One child, one teacher, one book, one pen can change the world. Education is the only solution. Education first.**

本とペンを手に取りましょう。それらは最強の武器なのです。1人の子ども、1人の教師、1冊の本、1本のペンが世界を変えられるのです。教育だけが解決できるのです。教育が最優先なのです。

マララはその後、イギリスのオックスフォード大学へ進学して哲学と政治・経済学を学び、2020 年に卒業しました。そして、すべての少女が安心して質の高い教育を受けられる社会の実現を目指して、今も活動を続けています。

# Part 2 Chapter 11

## 仮定法

　話し手が「**事実である**」「**実現の可能性がある**」**と考えていること**を述べる際に使う動詞の形を**直説法**と呼びます。それに対し、**話し手が「事実ではない」「実現の可能性は（ほとんど）ない」と考えていること**を述べる際に使う動詞の形を**仮定法**と呼びます。仮定法の動詞の形は、過去・現在・未来のどの時点のことについて述べるかによって決まります。

　英文の多くは直説法ですが、仮定法は**叶わないとわかっている願望や後悔**を表したり、**事実と違うことを仮定**したりする場合に使われます。また、仮定法を使って依頼を丁重に断ったり、アドバイスをしたりすることもできます。さまざまな使い方を確認しましょう。

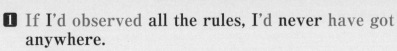

**❶ If I'd observed all the rules, I'd never have got anywhere.**

もし何から何までルールに従っていたら、私は決して成功していなかったでしょうね。　Marilyn Monroe　1926-1962　アメリカの女優

observe：(動) 〜を順守する　get anywhere：成功する

## Key point　事実と異なる仮定を表すには、時制を1つ前にずらす

### ● 仮定法の動詞の形

　仮定法は、話し手が「事実ではない」「実現の可能性は（ほとんど）ない」と考えていることを表します。仮定法では、**「もし…なら」に当たる条件節の時制を1つ前にずらし、主節に would / could / might などの助動詞の過去形を使います**。どの時点のことについて述べるかによって、次の3つの形を使い分けます。

| 現在の仮定 | If＋S'＋**過去形**…, S＋**助動詞の過去形＋動詞の原形**〜. <br> （もし今S'が…なら、Sは〜だろう。）　→**仮定法過去**と呼ばれる。 |
|---|---|
| 過去の仮定 | If＋S'＋**過去完了形**…, S＋**助動詞の過去形＋ have ＋過去分詞**〜. <br> （もし過去にS'が…だったら、Sは〜だっただろう。） <br> →**仮定法過去完了**と呼ばれる。 |
| 未来の仮定 | If＋S'＋**were to ＋動詞の原形**…, S＋**助動詞の過去形＋動詞の原形**〜. <br> （もし未来にS'が…なら、Sは〜だろう。） |

　現在の仮定で、**条件節の述語動詞が be 動詞の場合は、主語にかかわらず were を使います**（→**❸**、**❹**）。ただし会話では、1人称・3人称の単数の場合 was を使うこともあります。また、were to を使った未来の仮定は、実現の可能性がある場合にも使われます。

### ● 仮定法と直説法

　**❶**は条件節が If I'd（＝I had）**observed** … と過去完了形に、主節が I'd（＝I would）never **have got** … と〈助動詞の過去形＋ have ＋過去分詞〉の形になっています。これは**「過去の事実と異なること」**を述べる仮定法です。つまり、**「（実際には従わなかったが）もし従っていたら」**という意味を表しています。

**■** に似た次の言葉を、同じく女優の Katharine Hepburn（1907-2003）が残しています。obey は「〜に従う」、miss は「〜を逃す」という意味の他動詞です。

**If you obey all the rules, you miss all the fun.**
（もし何から何までルールに従ったら、人はすべての楽しみを逃してしまうわ。）

こちらは条件節が If you obey …、主節が you miss … と**両方とも現在形**なので、仮定法ではなく直説法です。**■** と条件節の内容が似ていますが、こちらは **「現実に起こり得ること」** として述べているため、直説法で表しています。

### ● 仮定法のさまざまな使い方

仮定法を使って、丁寧に断ったり依頼したり、アドバイスをしたりすることもできます。

#### ●丁重に断る
If I **had** enough time, I **would help** you.（もし十分時間があればお手伝いするのですが。）
→実際には時間が十分なくて手伝えないが、手伝いたい気持ちがあることを伝える。

#### ● 丁重に依頼する
I'**d be** glad if you **could** come.（もしあなたが来てくださればうれしいのですが。）
→「来てくれる可能性が低いと思っている」ことが暗示され、婉曲な表現となる。

#### ● アドバイス
If I **were** you, I **would go** with him.（私なら、彼と一緒に行くでしょう。）
→実際には私はあなたではないが、「私だったら」という仮定の下でアドバイスをする。

**11**
仮定法

**❷ If I had my life to live again, I'd make the same mistakes, only sooner.**
人生をもう一度やり直しても、私は同じ間違いをするでしょうね。ただ、今度はもっと早い時期に。　　　　　Tallulah Bankhead　1902-1968　アメリカの女優

条件節が If I had … と過去形に、主節が I'd（＝I would）make … と〈助動詞の過去形＋動詞の原形〉になっています。今実際に人生をやり直すことはできないので、現在の事実と異なる内容を表す仮定法が使われています。条件節の to live again は、my life を修飾する形容詞の役割をしています。タルラー・バンクヘッドは間違いをしなければよかったと悔いるのではなく、前向きにとらえていることがわかります。

**❸ We could never learn to be brave and patient, if there were only joy in the world.**

もしこの世に喜びしかないとしたら、人は決して勇気と忍耐を学ばないでしょう。

Helen Keller　1880-1968　教育家、社会福祉活動家

learn to *do*：…することを習得する　brave：（形）勇敢な　patient：（形）辛抱強い

　条件節が **if there were** ... と過去形に、主節が **We could** never **learn** ... と〈助動詞の過去形＋動詞の原形〉になっています。現実には悲しみや苦しみといった感情もあるので、現在の事実と異なる内容を表す仮定法で「喜びしかなかったら」と表し、その仮定の下では、**to be brave and patient**（勇敢で忍耐強くあること）を習得できないだろうと述べています。

**❹ If today were the last day of my life, would I want to do what I am about to do today?**

もし今日が人生最後の日だとしたら、今日これからしようとしていることを、自分はやりたいと思うだろうか。

Steve Jobs　1955-2011　Apple の共同創業者

be about to *do*：今まさに…しようとしている

**Close-up Column** Steve Jobs（スティーブ・ジョブズ）p.138

　ジョブズがスタンフォード大学の卒業式で行ったスピーチの一部です。条件節が **If today were** ... と過去形に、主節が **would I want** ... と〈助動詞の過去形＋動詞の原形〉になっています。今日が人生最後の日である可能性は低いため、仮定法が使われています。主節は疑問文で、would I want to do ... で「…したいと思うか」と問いかけています。関係代名詞の **what**(p.194)以下は直前の do の目的語で、「今日これからしようとしていること」を表します。

**❺ If I'd asked my customers what they wanted, they'd have said a faster horse.**

もし私が顧客に何が欲しいか尋ねていたら、彼らは「もっと速い馬が欲しい」と答えただろう。

Henry Ford　1863-1947　フォード・モーター創業者

　条件節が **If I'd**（＝ I **had**）**asked** ... と過去完了形に、主節が they'd（＝ they **would**）**have said** ... と〈助動詞の過去形＋ **have** ＋過去分詞〉になっているので、過去の事実に反する仮定法です。ヘンリー・フォードは、実際には顧客に何が欲しいか尋ねませんでしたが、尋ねたとしても当時は「自動車が欲しい」という発想はなかったことがわかります。

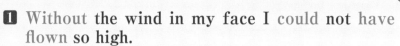

**1** Without the wind in my face I could not have flown so high.

逆風なしでは、これほど高くは飛べなかっただろう。

Arthur Ashe　1943-1993　黒人プロテニス選手の先駆け

wind in *one's* face：逆風　fly high：高く飛ぶ、飛躍する

## Key point　〈If S'..., S 〜〉以外の仮定法の表現を確認

### ● 条件節の代わりになる with / without

　仮定法は「もし…なら〔だったら〕、〜だろう〔だっただろう〕」という２つの節を使った文だけではありません。**with / without は「…があれば〔なければ〕」という意味**を表し、「もし…だったら」という条件節と同じ働きをすることがあります。

　**1**は Without the wind in my face（逆風なしでは）が条件節の代わりをしています。これだけでは直説法なのか仮定法なのか、またいつの時点なのかわかりませんが、主節を見ると判断できます。**1**の主節は I could not have flown so high と〈助動詞の過去形＋ have ＋過去分詞〉が使われているので、過去の事実に反することを述べる仮定法です。アーサー・アッシュはテニスの４大大会で男子シングルスを制した初の黒人選手で、逆風があったからこそ高く飛べた（＝飛躍できた）と考えていたことがわかります。

### ● I wish ... を使った仮定法

　仮定法で「もし…だったら」の部分だけを表し、**「…だったらなあ」と実現が困難な願望を表すことができます**。その際、述語動詞に wish を使います。

| 現在の実現困難な願望 | I wish + S' +**過去形**... |
|---|---|
| 過去の実現しなかった願望 | I wish + S' + **have ＋過去分詞**... |

例）I **wish** I **could** go.（（実際には行けないが、）行くことが<u>できればなあ</u>。）
　　I **wish** I **could have** gone.（（実際には行けなかったが、）行くことが<u>できていればなあ</u>。）

　なお、話し手が「実現の可能性がある」と考えている願望を表す際は、述語動詞に **hope** を使い、**直説法**で表します。

例）I hope I can go.（行くことが<u>できればと思います</u>。）
　　→実際に行ける可能性がある。

11
仮定法

If only ... は I wish ... とほぼ同じ意味で、「...でさえあればなあ」という願望を表します。

例）**If only** he **helped** us!　（彼が手伝ってくれさえすればなあ！）

また、「**まるで〔あたかも〕…であるかのように**」を意味する **as if** という表現もあります。

例）She talks **as if** she <u>knew</u> everything about him.

（彼女は**まるで**彼のすべて<u>を知っている</u>**かのように**話します。）

→仮定法により、「実際にはそんなことはないだろうに」という話し手の考えが表現されています。as if 節では直説法を使うこともでき、上の文で **as if** she <u>knows</u> ... とした場合、話し手は「実際にあり得る」と考えていることになります。

仮定の意味を強調するため、条件節の接続詞 if が省略され、倒置（p.218）が起きることがあります。次の例の条件節は、本来 **If** I were you, ですが、if が省略され、疑問文と同じ語順で表されています。

例）<u>Were</u> I <u>you</u>, I would never miss such an opportunity.

（もし私があなたなら、絶対にそんなチャンスを逃しません。）

> **2** I heard a definition once: Happiness is health and a short memory! I wish I'd invented it, because it is very true.
>
> 前に一度こんな定義を聞いたの。幸せとは健康と物忘れの早さなんですって！私がそれを思いついていたらよかったのに。だって、本当にその通りなんですもの。
>
> Audrey Hepburn　1929-1993　女優、ユニセフ親善大使

definition：（名）定義　short：（形）長く持続しない　invent：（動）〜を考案する

１文目で述べている definition（定義）を、コロン（：）の後で説明しています。コロンは「つまり」という意味で使われます。**I wish I'd**（= I <u>had</u>）**invented** it は、過去に実現しなかったことについての願望を仮定法で表しています。つまり、実際には誰か他の人が思いついたことだけれども、「私がそれを思いついていたらなあ」とオードリー・ヘップバーンが悔しがっているのがわかります。

**❸ Live as if you were to die tomorrow. Learn as if you were to live forever.**

明日死ぬかのように生きなさい。永遠に生きるかのように学びなさい。

Mahatma Gandhi　1869-1948　政治指導者、「インド独立の父」

Live（生きなさい）と Learn（学びなさい）という命令文に続いて、as if が使われています。die tomorrow（明日死ぬ）も live forever（永遠に生きる）も実現可能性が低い、あるいは実現可能性がないので、仮定法で表されています。未来に起こることの仮定であるため、過去形の died、lived ではなく、were to die、were to live となっています。

**❹ Were there none who were discontented with what they have, the world would never reach anything better.**

もしも誰一人現状に不満を感じていないとしたら、世界は決してより良いものに手が届かないでしょう。

Florence Nightingale　1820-1910　看護師、近代看護教育の母

discontented with：～に不満のある

条件節は If there were none ... が通常の語順ですが、ここでは if が省略されて倒置が起き、Were there none ... と疑問文と同じ語順で表されています。主節は the world would never reach ... と〈助動詞の過去形＋動詞の原形〉になっていて、現在の事実に反する仮定だとわかります。

条件節を詳しく見ると、関係詞節 who 以下が、先行詞 none を修飾しています。none と dis- のように否定語が2つ使われると、肯定の意味を強める表現になり、「誰一人不満を感じていない（＝全員が満足している）としたら」という内容を表しています。what they have は「人々が今持っているもの」つまり「現状」と解釈できます。

11

仮定法

# Close-up Column ♪ 081

# Emma Watson
（エマ・ワトソン）

1990-　イギリスの女優、活動家

## 女優業と学問との両立

　エマ・ワトソンは、映画『ハリー・ポッター』シリーズのハーマイオニー役でデビューし、2001年の1作目から2011年の8作目までの全シリーズに出演しました。以来、高校生の切ない青春を描いた『ウォール・フラワー』や、ディズニープリンセスを演じた実写版『美女と野獣』など数々の話題作に出演し、女優として着実にステップアップしています。さらに女優業にとどまらず、その知名度と影響力を活かし、ますます活躍の場を広げています。

　彼女はフランスで生まれ、5歳までパリ近郊の町で過ごします。その後イギリスのオックスフォードに移住し、名門ドラゴン・スクールで学びます。将来は女優になりたいと考えていた彼女は、シアタースクールに通い、歌やダンスや演技の勉強をしていました。見事ハリー・ポッターのオーディションに合格した彼女は、11歳の時から女優業と勉学を両立。アメリカのブラウン大学へ進学し、英文学を修めました。

## 誰もが自分らしくいられる社会のために

　幼い頃から利発だった彼女は、周囲のさまざまなことに関心を持つようになります。その1つが性別に関する固定観念でした。学校でリーダーシップを発揮しようとした際に自身が「偉そうだ」と言われたことや、反対に、男性の友人たちが、成長するにつれて自分の気持ちを表現できなくなってしまったことに疑問を感じたと明かしています。

　こうした問題意識を抱えていた彼女は、2014年に国連女性機関 UN Women の親善大使に就任します。任命された当初は手放しで喜べず、自分でいいのだろうかと悩みますが、最終的には「このハリー・ポッターの女の子は何者だ？」と思われることも覚悟で、次のように考えたのです。

### If not me, who?　If not now, when?

私でなかったら誰が？　今でなかったらいつ？

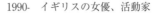

214

それ以来、「男〔女〕だから…すべき〔すべきでない〕」とされてしまうジェンダーの問題について、男性にも議論に参加してもらうための「HeForShe」キャンペーンの推進役として活躍。彼女の国連本部でのスピーチは多くの人々の共感を呼びました。男だからといって弱音を吐けなかったり、女だからといって何かを諦めたりしなければならないことに疑問を投げかけ、そうした考え方から自由になるために、性別を越えて手を取り合う必要性を訴えています。

Both men and women should feel free to be sensitive. Both men and women should feel free to be strong. It is time that we all perceive gender on a spectrum instead of two sets of opposing ideals.

男性も女性も、繊細であることに遠慮はいらないのです。男性も女性も、強くあることに遠慮はいらないのです。今こそ私たちみんなが、性別を1つの連続した領域に存在するものだと知る時です。相反する2つの理想像ではなく。

sensitive：（形）繊細な、傷つきやすい　It is time that …：そろそろ…すべき時だ。
spectrum：（名）境界があいまいな連続した領域

# 社会の課題へ取り組む姿勢

また、彼女は環境問題にも強い関心を持っており、早くから sustainable fashion（持続可能なファッション）を取り入れています。2020 年にはグッチなどの高級ブランドを展開するファッション業界大手・ケリング社の取締役に就任するとともに、同社のサステナビリティ委員会のトップに就任しました。彼女はファッション業界について「環境問題、労働者の権利、働く機会の提供など、あらゆる問題の解決に貢献できる可能性がある」と語っています。

与えられたチャンスを活かし、自分の考えに基づいて社会の課題解決のために行動を起こしている彼女に、多くの人が刺激をもらっています。

エマ・ワトソンの名言 → p.93

お気に入りの名言を書き込みましょう

# Part 2 Chapter 12

## その他の文法・語法

　**文法**は、英語の共通のルールを体系的にまとめたもので、英語という言語の全体像を理解するのに役立ちます。本 Chapter の Section 1 ～ 4 では、次の文法について確認しましょう。

❶ 倒置、省略、挿入などの語順に関するルール

❷ ある特定の名詞を説明する同格

❸ ある語句を強調する際に使う強調構文

❹ 文の中に疑問文を組み込んだ間接疑問

　**語法**は、特定の単語またはそのグループにのみ当てはまるルールのことです。語法の知識を身につけることで、単語を正しく使いこなせるようになります。Section 5・6 では、使役動詞や知覚動詞と呼ばれる動詞に共通するルールを押さえましょう。

In the middle of difficulty **lies opportunity.**

困難のさなかに、機会はある。

Albert Einstein　1879-1955　ドイツ生まれの物理学者

**≡Close-up Column** Albert Einstein（アルベルト・アインシュタイン）p.30

### ● 強調のための倒置

　**強調したい語句を文頭に置き、通常の〈主語(S)＋述語動詞(V)〉という語順が逆になる**ことがあります。このように一定のルールの下で SV の語順が変わることを**倒置**と呼びます。**1**の通常の語順は Opportunity lies in the middle of difficulty. ですが、**in the middle of difficulty**（困難のさなかに）を強調するために文頭に置き、主語 opportunity と述語動詞 lies の語順が逆になっています。英文が通常の語順と異なっている時は、倒置が起きていないか確認しましょう。

　ただし、強調のために語句が文頭に置かれると常に倒置が起こるわけではありません。主語が人称代名詞の場合や、目的語を文頭に置いている場合は、通例倒置は起こりません（→**2**）。

### ● 否定語を使った倒置

　次のような**否定語が文頭に置かれると、一般動詞を含む文は〈do / does / did ＋主語(S)＋動詞の原形〉の語順になります**（→**3**）。

> hardly / scarcely（ほとんど…ない）、seldom / rarely（めったに…ない）、
> never（決して…ない）、little（まったく…ない）など

do / does / did は時制と主語によって使い分けます。
例）通常　I **never** said such a thing.
　　強調　**Never** did I say such a thing.（私はそんなことは決して言っていない。）

### ● do による強調

　平叙文に助動詞の do / does / did を加えることで、その内容が事実であることを強調する方法もあります（→**4**）。スピーキングの際は、これらの助動詞を強く発音します。
例）通常　I told you.（私はあなたに伝えましたよ。）
　　強調　I **did** tell you.（私は確かにあなたに伝えましたよ。）

## ● 同格による言い換え

**名詞や代名詞を言い換えたり、補足的に説明を加えたりすること**があり、これを**同格**と呼びます。同格を表す方法にはいくつかあります。

❶ 語句を並べる

例）My friend <u>Ken</u> lives in Malaysia.（私の友達のケンはマレーシアに住んでいます。）

❷ 前置詞や to 不定詞（→ p.86）を用いる

例）the city <u>of</u> Tokyo（東京という都市）

the desire <u>to</u> study abroad（留学したいという願望）

❸ コロン（：）やコンマ（，）の後に並列する（→ **5**）

❹ 接続詞 that を使う（→ p.166）

---

**2** What we have once enjoyed **we can never lose.**
**All that we love deeply becomes a part of us.**

かつて楽しんだものを、失うことは決してありません。私たちが深く愛するものすべてが、私たちの一部となるのです。

Helen Keller　1880-1968　教育家、社会福祉活動家

---

enjoy：（動）〜を楽しむ、〜を享受〔満喫〕する

1文目は第3文型（SVO）で、通常の語順は <u>We can</u> never <u>lose</u> **what we have once enjoyed.** ですが、強調のために目的語 **what ... enjoyed**（私たちがかつて楽しんだもの）が文頭に置かれています。ただし、**1** と違って、このように目的語が文頭に置かれた場合は、通例倒置は起こりません。2文目は第2文型（SVC）で、主語は **all that we love deeply**（私たちが深く愛するものすべて）です。that の導く関係詞節が先行詞 all を修飾しています。

---

**3** People learn from their failures. Seldom do
they learn anything from success.

人は自らの失敗から学ぶ。成功から何かを学ぶことはめったにない。

Harold Geneen　1910-1997　実業家、ITT 社長

---

2文目を通常の語順で表すと <u>They</u> **seldom** <u>learn</u> anything from success. となります。ここでは否定語の **seldom** が強調のため文頭に置かれ、倒置が起きています。時制は現在で主語が **they** なので助動詞は **do** を使い、疑問文と同じ〈do ＋主語 (S) ＋動詞の原形〉の語順になっています。

**12**

その他の文法・語法

## 4 Yet the earth does move.
それでも地球は動いている。

Galileo Galilei　1564-1642　イタリアの天文学者、物理学者

yet：（副・接）だが、それでも

　通常なら the earth <u>moves</u> となるところ、その内容（＝地球が動いていること）が事実であることを強調するため does が使われ、その後ろに原形 move が続いています。ガリレオ・ガリレイは、当時正しいとされていた天動説に異を唱え、地球は太陽の周りを回っているという地動説を唱えたため宗教裁判にかけられましたが、その際にこのようにつぶやいたと言われています。実際にはイタリア語で、英語では上記の他に And yet it moves. などと訳されることもあります。

## 5 The greatest victory has been to be able <u>to live with myself</u>, to accept my shortcomings and those of others.
最大の勝利は、ありのままで生きられるようになったこと、自分の、そして他人の欠点を認められるようになったことです。

Audrey Hepburn　1929-1993　女優、ユニセフ親善大使

live with *oneself*：自尊心を保つ、良心に恥じないよう生きる　shortcoming：（名）欠点

　第2文型（SVC）で、文の骨格は The greatest victory has been to be ...（最大の勝利は…であることだ）です。「過去のどこかの時点から現在にかけて…である」ことを表すため、述語動詞は has been と現在完了形になっています。そして、to be able 以下が文の補語です。to accept ... の前のコンマ（ , ）は「つまり」という意味で、同格語句を導いています。ここでは <u>to live with myself</u>（自尊心を保つこと、または、ありのままで生きること）を <u>to accept my shortcomings and those of others</u>（自分と他人の欠点を認めること）と言い換えています。代名詞 those は前述の名詞 shortcomings を指します。

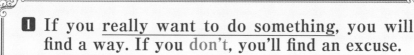

> **❶ If you <u>really</u> want to do <u>something</u>, you will find a way. If you <u>don't</u>, you'll find an excuse.**
> もし何かを本当にやりたいなら、方法を見つけるだろう。そうでないなら、言い訳を見つけるだろう。　　　　Jim Rohn　1930-2009　成功哲学分野の著述家、講演家

≡Close-up Column Jim Rohn（ジム・ローン）p.58

## ● 共通語句の省略

　英語は同じ語句を繰り返さない性質があり、文の中で同じ語句が使われる時、**繰り返しを避けるため共通する語句の一部を省略する**ことがあります。

　❶の2文目の If you **don't**, では、1文目の If you really want to do something と共通する部分が省略されています。つまり、If you **don't**, だけで、If you **don't** <u>really want to do it</u>（= something),（もしそれを本当にやりたいのでなければ）という内容を表しています。

　省略はさまざまな箇所で起きます。文の要素があるべき場所にない場合、前と共通の語句が省略されていないか確認しましょう。

## ● 語句の挿入

　however（しかしながら）や in fact（実は）などの副詞（句）は、文頭ではなく文の中に挿入されることがあります。
例）I was, <u>in fact</u>, born in the USA.（私は、実はアメリカで生まれました。）

## ● 節の挿入

　I think〔thought〕や I hear〔heard〕などの節が補足的に挿入されることもあります。書き言葉では、多くの場合コンマで挟んで表されます。
例1）She will, <u>I believe</u>, make a good teacher.
　　　<u>I believe</u> she will make a good teacher.
　　　（彼女は良い先生になると私は信じています。）
例2）He is, <u>I heard</u>, good at playing the piano.
　　　<u>I heard</u> he is good at playing the piano.
　　　（彼はピアノを弾くのが上手だと聞きました。）

**12**

その他の文法・語法

## ❷ I'm as proud of what we don't do as I am of what we do.

我々がやることと同じくらい、我々がやらないことを私は誇りに思う。

Steve Jobs 1955-2011 Apple の共同創業者

🗐 Close-up Column Steve Jobs（スティーブ・ジョブズ）p.138

同等比較の〈as ＋原級＋ as 〜〉が使われています。比較の対象は I'm proud of what we don't do と、I am（proud）of what we do です。2つに共通している I am proud of のうち、2つ目の proud を省略しています。

ここでは I はスティーブ・ジョブズ自身を、we は彼の会社を指しています。同等比較の後ろの as は、相手も認識しているものを基準として示す働きをします（p.116）。ここでは what we do（我々がやること）を誇りに思う、という当然と思われることを示し、それと同じくらい what we don't do（我々がやらないこと）も誇りに思っていることを伝えています。革新的な製品を生み出す秘訣は、何をやり、何をやらないかを適切に選択することなのかもしれません。

## ❸ I've made peace with the fact that the things that I thought were weaknesses or flaws were just me. I like them.

弱点や欠点だと思っていたことも、それこそが私なんだと受け入れて安心したの。今ではその欠点も好きよ。

Sandra Bullock 1964- アメリカの女優

make peace with：〜と和解する、〜と仲直りする　flaw：（名）欠点

文の骨組みは I've made peace with the fact that ...（…という事実と和解した）です。fact の直後の that は同格の接続詞（p.166）で、the things ... were just me（…なものがまさに私だった）という完全な文が続き、「どんな事実なのか」を説明しています。

the things の直後の that は主格の関係代名詞（p.188）です。関係詞節の中は、were が述語動詞、weaknesses or flaws が補語です。that と were の間に I thought（私が思った）が挿入されて、「私が弱点や欠点だと思っていたもの」という意味を表しています。関係詞節に I think のような節が挿入される時は例外的にコンマが使われません。

【文の前半】 I've made peace with the fact that ...
　　　　　　 S　　 V　　　　　O

【文の後半】 ...the things that (I thought) were weaknesses or flaws were just me.
　　　　　　　 S　　(S)　　　(V)　　　　(C)　　　　 V　 C

> **Ⅰ** It's lack of faith that makes people afraid of meeting challenges, and I believe in myself.
> 困難に立ち向かうことを恐いと思わせるのは、信頼の欠如だ。俺は自分を信じている。
> Muhammad Ali 1942-2016 アメリカのプロボクサー

**☰Close-up Column** Muhammad Ali（モハメド・アリ）p.162

## Key point 〈It is ～ that ...〉で文の一部を強調する

### ● 強調構文の形

強調構文は〈**It is ～ that ...**〉の形で、**It is と that の間に名詞または副詞を入れて「…するのは～だ」と強調します**。単語だけでなく、句や節が強調されることもあります。

**Ⅰ**は通常の語順で表すと、使役動詞 make を使った第5文型（SVOC）の文です。ここでは、主語の lack of faith（信頼の欠如）が強調されて、It's の直後に来ています。

Lack of faith makes people afraid of ... （信頼の欠如が、人々に…を恐れさせる）
　　S　　　　V　　　O　　　C

It's lack of faith that makes people afraid of ... （人々に…を恐れさせるのは信頼の欠如だ）

次の例で強調構文の作り方を確認しましょう。強調構文は、**It is と that を取り除いた時に、元の完全な文が成り立つ**のが特徴です。

例）My brother visited Paris last year. （私の兄は去年パリを訪れました。）
　　**It was** my brother **that** visited Paris last year. （… のは私の兄でした。）
　　**It was** Paris **that** my brother visited last year. （… のはパリでした。）
　　**It was** last year **that** my brother visited Paris. （… のは去年でした。）

### ● 強調構文と形式主語構文

形式主語を使った構文との違いに注意しましょう。形式主語構文ではしばしば It is の後に形容詞が使われます。また、**It is と that を取り除くと完全な文が成り立ちません**。

例）**It is** true **that** he passed the examination. （彼がそのテストに合格したのは本当です。）
→この文は形容詞 true を強調しているわけではなく、本来の主語である that 節の代わりに形式主語 it が使われています。また、It is と that を取り除くと、true と he passed the examination をつなぐ動詞がなく、完全な文を作ることができません。

## ❷ It is in your moment of decisions that your destiny is shaped.

あなたの運命が決まるのは、心を決めた瞬間だ。

Anthony Robbins　1960-　サクセスコーチ、講演家

moment：（名）瞬間、時点　destiny：（名）運命　shape：（動）〜を具体化する〔形作る〕

通常の語順は Your destiny is shaped in your moment of decisions. ですが、副詞句 in your moment of decisions（心を決めた瞬間に）を It is と that の間に置いて強調しています。多くの自己啓発書や自己啓発セミナーで知られているアンソニー・ロビンスの名言です。

## ❸ It's only by saying no that you can concentrate on the things that are really important.

本当に重要なことに集中する唯一の方法は、「ノー」と言うことだ。

Steve Jobs　1955-2011　Apple の共同創業者

≡ Close-up Column Steve Jobs（スティーブ・ジョブズ）p.138

通常の語順は You can concentrate on the things ... only by saying no. ですが、副詞句 only by saying no（「ノー」と言うことによってのみ）を It's と that の間に置いて強調しています。things の後の that 以下 は関係詞節で things を修飾し、どんなことなのかを説明しています。

## ❹ It is not the employer who pays the wages. Employers only handle the money. It is the customer who pays the wages.

賃金を払っているのは雇用主ではない。雇用主はただ金を扱っているだけだ。賃金を払うのは顧客である。

Henry Ford　1863-1947　フォード・モーター創業者

1文目の通常の語順は The employer does not pay the wages. ですが、「（賃金を払うのは）雇用主ではない」と強調するため、It is not the employer と最初に強調し、who pays the wages で何をする人かを表しています。**強調されるのが人の場合は、that の代わりに who が使われることがあります**。3文目も同様に「（賃金を払うのは）顧客だ」と強調するため、It is the customer who ... となっています。

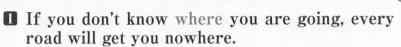
> **1** If you don't know *where* you are going, every road will get you nowhere.
>
> 目標が定まっていなければ、どの道をたどっても、どこにも到達できない。
> （直訳：どこへ向かっているのかわかっていなければ、どの道もあなたをどこにも導かない。）
>
> Henry Kissinger　1923-　アメリカの政治家、元国務長官

get：（動）〜を連れて行く　nowhere：（副）どこへも…ない

## Key point　疑問文を名詞節として文に組み込む

### ● 間接疑問の作り方

　Can you tell me 〜？（〜を私に教えてくれますか）のような文の「〜」の部分に、「**昨日どこへ行ったか**」**などの疑問文を組み込む**ことがあります。この場合、通常の疑問文と違って〈**疑問詞＋主語 (S) ＋述語動詞 (V)**〉**の語順**になり、それがひとかたまりとして**名詞節**として働きます。これを**間接疑問**と呼びます。

例 1 )　① Can you tell me 〜？（〜を私に教えてくれますか。）

　　　② **Where** did you go yesterday?（あなたは昨日どこに行きましたか。）

　　　①＋② Can you tell me **where** you went yesterday?

　　　（あなたが昨日どこへ行ったのか私に教えてくれますか。）

　　　→ **where** you went yesterday がひとかたまりの名詞節として、tell の 2 つ目の目的語の役割をしています。

例 2 )　① She asked me 〜 .（彼女は私に〜を尋ねました。）

　　　② **Who** repaired this computer?（誰がこのコンピューターを修理しましたか。）

　　　①＋② She asked me **who** repaired this computer.

　　　（彼女は私に、誰がこのコンピューターを修理したのかと尋ねました。）

　　　→ **who** repaired this computer がひとかたまりの名詞節として、asked の 2 つ目の目的語の役割をしています。疑問詞が主語の場合は、疑問文も〈疑問詞 (S) ＋ V〉のため、語順は変わりません。

　**1** の if 節は間接疑問を使った文で、**Where** are you going?（あなたはどこへ向かっていますか。）という疑問文が know の目的語として組み込まれ、**where** you are going の語順になっています。

**12**

その他の文法・語法

**❷ In most things success depends on knowing how long it takes to succeed.**

ほとんどの場合、成功は、成功するのにどれだけ時間がかかるかを知っているかどうかにかかっている。　Charles de Montesquieu　1689-1755　フランスの啓蒙思想家

depend on：～次第である　take：(動) (時間) がかかる　succeed：(動) 成功する

　名詞節の **how long** it takes to succeed が動名詞 knowing の目的語になっています。元は **How long** <u>does</u> it <u>take</u> to succeed?（成功するのにどのくらい時間がかかりますか。）という疑問文ですが、〈疑問詞＋ S ＋ V〉の語順で名詞節の役割をしています。

**❸ People forget how fast you did a job — but remember how well you did it.**

人々は、あなたがどれだけ速く仕事をしたかは忘れてしまうが、どれだけ良い仕事をしたかは忘れないものだ。

Howard W. Newton　1903-1951　アメリカの広告会社役員

　2つの節の主語はどちらも people で、but の後では省略されています。述語動詞 は forget（忘れる）と remember（忘れない、覚えている）です。間接疑問の **how fast** you did a job（どれだけ速く仕事をしたか）と **how well** you did it（どれだけ良くそれ（＝仕事）をしたか）が、それぞれ forget と remember の目的語の役割をしています。

**❹ Doing business without advertising is like winking at a girl in the dark: you know what you are doing, but nobody else does.**

広告を出さずにビジネスをするのは、暗闇で女性にウィンクするようなものだ。自分では何をしているかわかっていても、他の誰にも伝わらない。

Edgar W. Howe　1853-1937　小説家、ジャーナリスト

wink：(動) ウィンクする　like：(前) ～のような

　2つの節をつなぐコロン（:）が「すなわち、つまり」という意味を表し、前の節で述べた喩えを後ろの節で言い換えています。後半の節に間接疑問が使われており、**what** you are doing（あなたが何をしているか）が know の目的語です。最後の does は前述の know の代わりに使われており、nobody else does（＝ knows）は「他の誰もわからない」という意味です。

226

---

**❶ Love makes the world go round.**
愛が世界を動かす。

English Proverb（ことわざ）

---

## Key point 「…させる〔してもらう〕」を表す動詞

### ● 使役動詞のとる文型

人やものに「**…させる〔してもらう〕**」という意味を表す動詞を**使役動詞**と呼びます。**第5文型（SVOC）をとり、〈主語＋使役動詞＋目的語＋補語〉の語順で使われます。**例えば**❶**は、the world が目的語、動詞の原形 go round が補語です。

この時、the world と go round は「世界**が動く**」という**主語と動詞の関係**になっています。つまり、使役動詞を使った文では、**目的語が、補語の意味上の主語**になります。全体で、「愛は、世界が動くようにする」＝「愛は世界を動かす」という意味を表しています。

Love makes the world go round.　←　The world goes round.
　S　　V　　　O　　　C　　　　　　　　(S)　　　(V) の関係

### ● 使役動詞の意味・用法の使い分け

補語に何を置くかは、**目的語との関係が能動（…する）か受動（…される）か**によって決まります。**能動なら動詞の原形（または to 不定詞）、受動なら過去分詞**です。ただし、どちらかの用法しかない動詞もあります。それぞれの使役動詞の意味と用法を確認しましょう。

| make | 〈make ＋ O ＋動詞の原形〉 | O に…させる、O が…するようにする |
|---|---|---|
| | 〈make ＋ O ＋過去分詞〉 | O が…されるようにする |

〈make ＋ O ＋動詞の原形〉は、主語が人の場合に「S が O に…させる」という強制の意味を表すことが多いです。主語がものの場合は、**❶**のように「S によって O が…する」という単なる原因を表すことがあります。

例) My boss **made** me **give** a presentation in English.

（上司は私に英語でプレゼンテーションをさせました。）

I could not **make** myself **heard** because it was too noisy.

（騒がしかったせいで、私は自分の声を聞いてもらうことができませんでした。）

| have | 〈have ＋ O ＋動詞の原形〉 | O に…させる、O に…してもらう |
|---|---|---|
| | 〈have ＋ O ＋過去分詞〉 | O を…してもらう、O を…される |

have は「当然するはずのことをさせる、してもらう」というニュアンスのことが多いです。なお、〈have + O + 過去分詞〉は、「してもらう」以外に「される」という被害の意味を表すこともあります。

例）He **had** his secretary **book** a flight to Paris.

（彼は自分の秘書にパリ行きの飛行機を予約してもらいました。）

He **had** his car **repaired** last month.

（彼は先月自分の車を修理してもらいました。）

| let | 〈let + O + 動詞の原形〉 | O が…することを許可する<br>O に自由に…させる |
|-----|-----------------------|----------------------------------|

let は強制的にやらせるのではなく、O がやりたいことを、自由にさせる場合に使います。

例）I **let** my children **play** video games for one hour a day.

（私は子どもたちに、1日1時間、ゲームをさせています。）

| help | 〈help + O + 動詞の原形〔to 不定詞〕〉 | O が…するのを手伝う |
|------|-----------------------------------|--------------------|

例）She **helped** me **(to) do** my task. （彼女は私の仕事を手伝ってくれました。）

| get | 〈get + O + to 不定詞〉 | O に…させる、O に…してもらう |
|-----|----------------------|----------------------------|
|     | 〈get + O + 過去分詞〉 | O を…してもらう |

get は have と近い意味を表しますが、目的語との関係が能動の場合、補語は動詞の原形ではなく to 不定詞を使います。

例）I will **get** my son **to make** lunch. （息子に昼食を作ってもらおうと思います。）

He **got** his hair **cut** last week. （彼は先週髪を切ってもらいました。）

---

## ❷ Don't count the days. Make the days count.

日々を数えるな。日々を価値あるものにせよ。

Muhammad Ali 1942-2016 アメリカのプロボクサー

≡ Close-up Column Muhammad Ali（モハメド・アリ）p.162

動詞 count が別の用法で2回使われています。1文目は第3文型（SVO）の命令文で、count は「〜を数える」という意味の他動詞です。2文目は第5文型（SVOC）で、count は「価値を有する、重要である」という意味の自動詞として使われています。使役動詞 **make** に、目的語 the days と補語 count が続き、「日々を価値があるようにする」という意味を表しています。the days と count という共通の語を使って対照的な内容を表しています。

**❸** The greatest pleasure I know is to do a good action by stealth, and have it found out by accident.

私の知る最大の喜びは、ひそかに善い行いをして、偶然にそれを見つけてもらうことである。　　　　　　　　Charles Lamb　1775-1834　イギリスのエッセイスト

by stealth：こっそりと　find out：〜を発見する　by accident：偶然に

第2文型（SVC）で、文の骨組みは The greatest pleasure ... is to do ..., and (to) **have** ...（最大の喜びは…すること、そして…してもらうことだ）です。I know（私が知っている）は関係詞節で、the greatest pleasure を修飾しています。2つの to 不定詞が補語で、2つ目の to は省略されています。(to) **have** it found out は〈使役動詞 **have** ＋ it（= a good action）＋過去分詞 found out〉で、「それを見つけてもらう」という意味になっています。それ（善い行い）は「見つけ**られる**」ので、補語には過去分詞が使われています。

**❹** Do not let what you cannot do interfere with what you can do.

できないことに、できることの邪魔をさせてはならない。
　　　　　　　　John Wooden　1910-2010　バスケットボールのコーチ

interfere with：〜を妨げる

使役動詞 let に、目的語 what you cannot do、補語 interfere ... が続いています。目的語と補語は、「あなたができないこと**が邪魔をする**」という能動の関係なので、補語には動詞の原形の interfere が使われています。what you can(not) do（あなたができること〔できないこと〕）を対比し、不得意なことにとらわれず、得意なことに自信を持って取り組むことの大切さを伝えています。

その他の文法・語法

> **❶ Millions saw the apple fall, but Newton was the one who asked why.**
> 何百万もの人がりんごが落ちるのを見たが、なぜなのかと尋ねたのはニュートンだった。　Bernard M. Baruch　1870-1965　投資家、アメリカ大統領の経済顧問

## Key point 「見る、聞く」などの知覚や感覚を表す動詞

### ● 知覚動詞のとる文型

**知覚動詞は「Oが…する〔される〕のを見る、聞く」などの意味を表します**。使役動詞と同様に**第5文型（SVOC）をとり、〈主語＋知覚動詞＋目的語＋補語〉の語順**で使われます。

この時、**目的語が補語の意味上の主語**になります。**❶**は目的語が the apple、補語が fall で、「りんご**が落ちる**」という主語と動詞の関係になっています。

Millions saw the apple fall, ...　←　The apple falls.
　S　　 V　　　 O　　　 C　　　　　　　(S)　　 (V) の関係

### ● 知覚動詞の意味・用法の使い分け

補語には、目的語との関係が**能動なら動詞の原形〔現在分詞〕、受動なら過去分詞**をとります。能動の場合、**その動作の一部始終を知覚した場合は動詞の原形、動作の途中の一部を知覚した場合は現在分詞**を使います。

例）I heard her sing.（私は彼女が歌うのを（最初から最後まで）聞きました。）
　　I heard her singing.（私は彼女が歌っているのを（一部）聞きました。）

代表的な知覚動詞は次の通り整理できます。

**❶** 動詞の原形、現在分詞、過去分詞のいずれかをとる知覚動詞

| feel（感じる） | 動詞の原形〔現在分詞〕 | Oが…する〔している〕のを感じる |
| --- | --- | --- |
| | 過去分詞 | Oが…されるのを感じる |
| hear（聞こえる） | 動詞の原形〔現在分詞〕 | Oが…する〔している〕のが聞こえる |
| | 過去分詞 | Oが…されるのが聞こえる |
| see（目に入る） | 動詞の原形〔現在分詞〕 | Oが…する〔している〕のを見る |
| | 過去分詞 | Oが…されるのを見る |

❷ 動詞の原形、現在分詞のいずれかをとる知覚動詞

| listen (to)（聞く） | O が…する〔している〕のを聞く |
|---|---|
| look (at)、watch（見る） | O が…する〔している〕のを見る |
| notice（気づく） | O が…する〔している〕のに気づく |

---

**② As long as I'm in good shape, you'll always see me smiling.**

僕が好調でいる限り、いつだって僕の笑顔を見られるだろう。

Usain Bolt　1968-　ジャマイカ生まれの元陸上競技選手

---

in good shape：体調〔調子〕が良い、うまくいって

　as long as ... は「…する限り」という条件を表す副詞節で、主節は第5文型（SVOC）です。知覚動詞 see の後に、目的語 me と補語 smiling が続いています。me は smiling の意味上の主語で、「僕**が笑っている**」という能動の関係になっています。笑い始めてから真顔に戻るまでの一部始終を見るのではなく、笑っている様子を見るということなので、動詞の原形ではなく現在分詞が使われています。笑顔が印象的なウサイン・ボルトらしい言葉ですね。

---

**③ Bias has to be taught. If you hear your parents downgrading women or people of different backgrounds, why, you are going to do that.**

偏見とは教えられるものです。もし、あなたの両親が女性や異なる環境の人々を見下しているのを聞いて育ったら、あなたも同じようにするでしょう。

Barbara Bush　1925-2018　ジョージ・H・W・ブッシュ大統領夫人

---

bias：（名）偏見　downgrade：（動）〜を見下す　why：（間）それなら

　1文目は、主語 bias が「教え**られる**」ものなので、has to の後が受動態になっています。2文目は、If you hear ... が条件を表す副詞節で、主節が you are going to ...です。why はここでは間投詞で、条件節と主節の間で「それなら、そうであれば」と帰結を導く役割をします。if 節は第5文型（SVOC）で、知覚動詞の hear の後に、目的語 your parents と補語 downgrading が続いています。your parents と downgrading は、「両親**が見下している**」という能動の関係のため、現在分詞が使われています。women or people of ...（女性や…の人々）は downgrading の目的語です。

# INDEX

## 文法用語索引

索引

# 英文語句索引

索引

MEMO

## 参考文献

『ロイヤル英文法』（旺文社）
『Vision Quest 総合英語』（啓林館）
『表現英文法』（コスモピア）
『現代英文法総論』（開拓社）

『カラー版 CD 付 音読したい英語名言 300 選』（英語名言研究会編著、田中安行監修、
　KADOKAWA）
『こころ湧き立つ英語の名言』（晴山陽一、青春出版社）
『心に響く英語名言集　世界の女性編』（デイビッド・セイン　小松アテナ、
　Ｊリサーチ出版）
『世界のトップリーダー英語名言集　BUSINESS』（デイビッド・セイン　佐藤淳子、
　Ｊリサーチ出版）
『英語で味わう名言集　心に響く古今東西 200 の言葉』（ロジャー・パルバース、
　ＮＨＫ出版）
『ポジティブになれる英語名言 101』（小池直己　佐藤誠司、岩波書店）
『「人を動かす」英語の名言』（大内博　ジャネット大内、講談社インターナショナル）
『人生を豊かにする　英語の名言』（森山進、研究社）
『ハートで読む英語の名言〈上〉・〈下〉』（加島祥造、平凡社）
『英語名言集』（加島祥造、岩波書店）

## 参考サイト

https://www.quotemaster.org/
https://www.allgreatquotes.com/

【執筆協力】
(文法解説・コラム) 日和加代子
(和訳・人物紹介) 高橋知子

【校閲協力】
堀田史恵 (株式会社にこにこ)

【音声吹き込み】
Howard Colefield (アメリカ)
Jennifer Okano (アメリカ)

書籍のアンケートにご協力ください

抽選で図書カードを
プレゼント!

Z会の「個人情報の取り扱いについて」はZ会 Web
サイト (https://www.zkai.co.jp/home/policy/)
に掲載しておりますのでご覧ください。

## 名言英文法

初版第1刷発行⋯⋯⋯⋯2021年3月10日
初版第2刷発行⋯⋯⋯⋯2021年5月1日
編者⋯⋯⋯⋯⋯⋯⋯⋯⋯Z会編集部
発行人⋯⋯⋯⋯⋯⋯⋯⋯藤井孝昭
発行⋯⋯⋯⋯⋯⋯⋯⋯⋯Z会
　　　　　　　　　　〒411-0033　静岡県三島市文教町 1-9-11
　　　　　　　　　　【販売部門:書籍の乱丁・落丁・返品・交換・注文】
　　　　　　　　　　TEL 055-976-9095
　　　　　　　　　　【書籍の内容に関するお問い合わせ】
　　　　　　　　　　https://www.zkai.co.jp/books/contact/
　　　　　　　　　　【ホームページ】
　　　　　　　　　　https://www.zkai.co.jp/books/
装丁⋯⋯⋯⋯⋯⋯⋯⋯⋯萩原弦一郎 (合同会社256)
DTP⋯⋯⋯⋯⋯⋯⋯⋯⋯株式会社 デジタルプレス
録音・編集⋯⋯⋯⋯⋯⋯一般財団法人 英語教育協議会 (ELEC)
印刷・製本⋯⋯⋯⋯⋯⋯シナノ書籍印刷株式会社

ISBN978-4-86290-353-2　C0082